Die letzten Paradiese in
Deutschlands Osten

Die letzten Paradiese in Deutschlands Osten

Das Handbuch der Natur- und Nationalparks in Brandenburg, Sachsen, Sachsen-Anhalt, Thüringen und Bayern

Anne Christine Martin · Stefan Feldhoff

BRUCKMANN

Inhaltsverzeichnis

Eine originelle Idee: Ausgegraben, durch Künstlerhand nach alten Vorlagen gestaltet und in der Nähe von Henzendorf im Findlingspark kunstvoll arrangiert

Einführung

Die Vielfalt der Naturlandschaften in Deutschland ist ein wahrer Schatz, den es auch für die folgenden Generationen zu erhalten gilt. Der Bogen spannt sich von den Küsten der Nord- und der Ostsee mit ihren Inseln bis zu den majestätisch aufragenden Alpen von Berchtesgaden bis zum Allgäu. Dazwischen dehnen sich die reizvolle Norddeutsche Tiefebene und abwechslungsreiche Mittelgebirgslandschaften.

Fast 30 Prozent der Fläche Deutschlands ist von Großschutzgebieten bedeckt, die seit 2005 unter der Dachmarke Nationale Naturlandschaften vereint sind. Diese Dachmarke wurde von EUROPARC Deutschland und dem Verband Deutscher Naturparke mit Unterstützung der Deutschen Bundesstiftung Umwelt, Natur und Reaktorsicherheit sowie des Bundesamtes für Naturschutz und von zahlreichen Bundesländern entwickelt. Informationen über die Naturparks, Nationalparks

und Biosphärenreservate sind über das Internet unter www.nationale-naturlandschaften.de zu erhalten.

Den größten Anteil haben die **Naturparks**, die zum Schutz besonders reizvoller Kulturlandschaften geschaffen wurden. Eine schonende Nutzung der Flächen ist im Naturpark erwünscht, ja sogar notwendig. Inmitten dieser reizvollen Erholungslandschaften gebührt den ebenfalls geschützten historischen Stätten und gewachsenen Ortsbildern besondere Beachtung.

Im **Nationalpark** steht der Schutz der Natur im Vordergrund, die entweder nur in geringem Maß oder überhaupt nicht durch den Eingriff des Menschen verändert wurde. Während sich in der Kernzone des Nationalparks die Lebensgemeinschaften mit ihrer Tier- und Pflanzenwelt ungestört entwickeln, greift der Mensch außerhalb der Kernzone im Nationalpark zu Schutzzwecken ein.

Die **Biosphärenreservate** dienen vor allem der Erforschung, wie sich der Eingriff des Menschen auf den Naturhaushalt auswirkt. Diese Gebiete überschneiden sich gelegentlich mit den Gebieten, die als Natur- oder Nationalpark ausgewiesen sind.

In diesem Buch werden Nationale Naturlandschaften in Brandenburg, Niedersachsen, Sachsen-Anhalt, Sachsen, Thüringen und Bayern vorgestellt. Das Gebiet reicht von den Mittelgebirgen Sachsen-Anhalts bis zu den nördlichsten Naturparks in Bayern, vom Nationalpark Hainich in Thüringen bis zum Nationalpark Sächsische Schweiz an der Grenze zu Tschechien.

Es kommt uns vor allem darauf an, ihre speziellen Charakteristika vorzustellen und Wege zu zeigen, wie man diese Naturschönheiten auf Spaziergängen, Wanderungen oder Radtouren hautnah erleben und genießen kann.

Unbedingt zu beachten sind beim Besuch dieser Großschutzgebiete die geltenden Regeln, die auf Tafeln an Rastplätzen, Wanderparkplätzen und anderen Stellen sichtbar sind. Prinzipiell gilt, nur auf den dafür ausgewiesenen Flächen zu parken, die markierten Wege nicht zu verlassen und Rücksicht auf Tier- und Pflanzenwelt zu nehmen.

Auf sandigem Boden blüht die Callunaheide besonders üppig wie hier in der Niederlausitzer Heidelandschaft.

Die grauen Felsen der Schrammsteine wachsen aus dem Farbenmeer des herbstlichen Buchenwaldes in der Sächsischen Schweiz.

Die letzten Paradiese

1 Naturpark Elm-Lappwald

Erdgeschichtlich, kulturell und naturkundlich ein bedeutsamer Landstrich

ANFAHRT
Auf der A 2 Hannover–Berlin, Ausfahrt Helmstedt-Zentrum, über die B 244 nach Schöningen; Bahnhöfe in Helmstedt und Königslutter

LAGE
Südöstliches Niedersachsen an der Grenze zu Sachsen-Anhalt

GRÖSSE
470 km²

HÖCHSTE ERHEBUNG
Eilumer Horn (323 m)

GRÜNDUNG
1976

INFORMATION
Naturpark Elm-Lappwald
Bahnhofstraße 11
38300 Wolfenbüttel

TELEFON
05331/844 63

INFOHAUS
GeoPark-Informationszentrum
An der Stadtkirche 1
38154 Königslutter

INTERNET
www.elm-lappwald.de

Gemächlich schwingen sich aus der Norddeutschen Tiefebene die ersten Erhebungen auf, hügelig und sanft, sie heißen Asse und Dorm, Elm und Lappwald. Es sind keine Gebirge, sie bilden aber erdgeschichtlich, kulturell und naturkundlich eine außerordentlich bedeutsame Region. Zwischen den bewaldeten Bergrücken des Lappwalds und des Elms stößt man auf steinalte Burgen, romanische Dorfkirchen und den ehrwürdigen Kaiserdom zu Königslutter.

Urzeitfunde Weiter zurück in die Vergangenheit weisen die zahlreichen Steinsetzungen und Grabhügel, unter denen Ruhestätten von Fürsten aus vorgeschichtlicher Zeit vermutet werden. Die Hügelgräber liegen in Sichtweite zueinander auf Anhöhen, oft von einer Linde bekrönt, oder sie erheben sich mitten im Dorf wie der 4000 Jahre alte Tumulus von Evessen. Die Lübbensteine vor den Toren der Stadt Helmstedt erinnern gar an ein kleines Stonehenge. Auf wie viele Jahrtausende dieses Land zurückblicken kann, beweisen auch die Speerfunde von ➠ **Schöningen** ❶ (Seite 13). In einem Braunkohlentagebau wurde 1994 ein altsteinzeitlicher Jagdplatz freigelegt: acht etwa 400 000 Jahre alte Wurfspeere aus Holz inmitten von Skeletten wilder Pferde; die Speere sind eines der ältesten Zeugnisse menschlicher Kultur.

Der Dorm – Geheimnisse der Erdgeschichte Groß Steinum ❷ am Dorm macht seinem Namen alle Ehre, mächtige Knollenquarzitblöcke prägen das Ortsbild. Wippstein und Bockshornklippe heißen zwei markante, sagenumwobene Felsformationen am Rande des alten Dorfkerns, die Kirche steht weithin sichtbar auf felsigem Untergrund. Drei Großsteingräber aus der jüngeren Steinzeit um 3500 v. Chr. sind in Dorfnähe archäologisch erschlossen worden. Diese monumentalen Gräber aus großen Gesteinsblöcken waren die gemeinsamen Bestattungsplätze einer urzeitlichen Sippe. Der Lehrpfad Baustelle Großsteingrab zeigt in sechs Stationen den Bau eines riesigen Steingrabes von der Auswahl der Steine bis zur äußeren Gestaltung des Monuments.
Nördlich von Groß Steinum startet eine Geo-Route (geologischer Pfad) in den **Dorm** ❸. Zu sehen sind symmetrische Strukturen, die durch den

Mystik pur umgibt die Lübbensteine, vorgeschichtliche Megalithgräber auf dem St. Annenberg bei Helmstedt.

Aufstieg von Zechsteinsalzen im Perm entstanden, die Schichten der Trias sind quer gestellt. Der Parkplatz an der Bockshornklippe ist Ausgangspunkt für Autofahrer; eine Bushaltestelle befindet sich in Groß Steinum. Die etwa 5,2 km lange Rundwanderung weist zwei Steigungen auf und dauert rund drei Stunden.

In Rieseberg führt vom Parkplatz am Sportplatz eine 4,6 km lange Geo-Route zum 156 m hohen Rieseberg im Südwesten. Aufgrund des Muschelkalkbodens gedeihen prächtiger Laubmischwald sowie zahlreiche Kalk- und Wärme liebende Pflanzen, darunter mehrere Orchideenarten.

Im **Rieseberger Moor** ❹ finden Grauweiden, Birken und Erlen beste Lebensbedingungen. In einer großen

Bodensenke (1 x 1 km) südöstlich von Rieseberg hat sich in Jahrtausenden eine 1 bis 2 m starke Torfschicht gebildet. Wirtschaftlich genutzt wurde das Moor seit 1744 für den Torfstich und später zur Gewinnung von Moorsole. Seit 1955 steht es unter Naturschutz und kann nur auf zwei schmalen Knüppeldämmen durchquert werden. Der Zugang zum Moor ist nicht ausgeschildert und etwas schwer zu finden.

Ehrfurcht gebietende Kaiserbasilika Weithin sichtbar erhebt sich der Kaiserdom von ➠ **Königslutter** ❺ am nördlichen Rand des Elms. In der Basilika ruhen der deutsche Kaiser Lothar III. von Süpplingenburg (1075 bis 1137), seine Gemahlin und seine Familie. Die Grablege ist ein Kleinod romanischer Baukunst. Besondere Bedeutung erlangt die Stiftskirche St. Peter und Paul, wie der Kaiserdom auch heißt, durch seinen reichen künstlerischen Schmuck: Das rätselhafte Jagdfries an der Außenwand der Hauptapsis zeigt zwei Hasen, die einen liegenden Jäger fesseln, das romanische Hauptportal an der Nordseite wird von zwei grimmigen Löwen bewacht, zehn kunstvoll gestaltete Säulen akzentuieren den wunderbaren Kreuzgang an der Südfront des Doms. Die dreischiffige Pfeilerbasilika folgte zunächst dem Bauschema der Hirsauer Schule, nach dem Tod des Kaisers 1137 wurde das Bauwerk nach vereinfachten Plänen vollendet. Diese Bauweise wirkte als Vorbild

Uralte Linden umgeben den ehrwürdigen romanischen Kaiserdom von Königslutter.

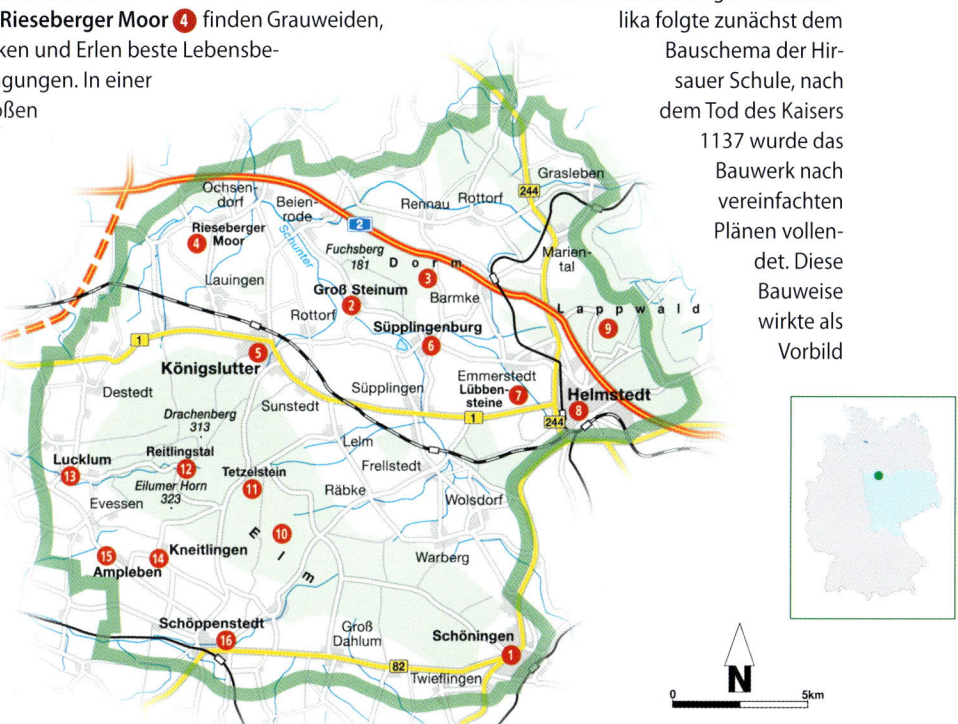

TILL-EULENSPIEGEL-MUSEUM

Welches Kind möchte nicht auch so pfiffig und frech wie Till Eulenspiegel sein? Nachhilfeunterricht gibt es in Schöppenstedt. Auf der Tills-Tauf-Tour wandert man vom Museum in Schöppenstedt **16** (www.eulenspiegel-museum.de) nach Kneitlingen **14** und Ampleben **15**. Kinder basteln an ihrem Geburtstag Eulenspiegelmasken und bemalen T-Shirts mit bunten Farben. Leseratten schauen in die vielen Bücher über den Schelm, das älteste wurde bereits 1510 in Straßburg gedruckt.

für viele Sakralbauten im südlichen Niedersachsen und in den angrenzenden Gebieten an Elbe und Saale. Die historische Bedeutung Lothars III. mag heute in Vergessenheit geraten sein, doch im 15. Jahrhundert begaben sich die Menschen an St. Peter und Paul (29. Juni) zur Wallfahrt nach Königslutter.

Wie der Beiname vermuten lässt, stammte Kaiser Lothar III. aus **Süpplingenburg 6**. Seine einstige Stammburg existiert heute nicht mehr, erhalten blieb nur die zur Burg gehörende romanische St. Johanniskirche, ein schlichter, aber anmutiger dreischiffiger Bau.

Vom St. Annenberg westlich von Helmstedt hat man einen weiten Blick über das Landschaftsbecken zwischen Elm und Lappwald. Die ➡ **Lübbensteine 7** sind zwei Großsteingräber, die im 4. Jahrtausend v. Chr. von bäuerlichen Siedlern der Jungsteinzeit (Trichterbecherkultur) errichtet worden sind. Die Anlage besteht aus einer rechteckigen Grabkammer mit einem Zugang und einer Steinumfassung, die ursprünglich den Erdhügel über der Kammer begrenzt hat. Aufgrund alter Aufzeichnungen nimmt man an, dass einst vier Gräber auf dem Hügel weithin sichtbar das Landschaftsbild bestimmten. Die Lübbensteine sind direkt von der B1 aus erreichbar, etwa 300 m vor dem westlichen Ortsrand Helmstedts.

Die ehemalige Universitäts- und Hansestadt **Helmstedt 8** wartet mit eindrucksvollen Bauwerken aus Romanik und Renaissance auf; hervorzuheben sind die sogenannten Professorenhäuser aus der frühen Neuzeit.

Der angrenzende **Lappwald 9** ist ein 20 km langer und bis zu 5 km breiter bewaldeter Höhenzug. Er dehnt sich sich von Helmstedt nach Norden aus. Idyllisch ist das Brunnental bei Bad Helmstedt. Der Lappwald war über viele Jahrhunderte ein Grenzforst zwischen braunschweigischem und preußischem Staatsgebiet. Den lebhaften Grenzschmuggel suchte man seinerzeit von den Wachttürmen aus zu unterbinden. Von diesen sind die 1. und 2. Walbecker Warte erhalten geblieben.

Vom Tetzelstein über den buchenbestandenen Elm Über 25 km lang und bis zu 8 km breit erstreckt sich der bewaldete Bergzug **Elm 10** von Königslutter in südöstlicher Richtung bis Schöningen. Seine maximale Höhe von 323 m erreicht er am Eilumer Horn unweit vom Kuxberg. Den weitgehend siedlungsfreien Bergrücken bedeckt der größte Buchen-Hochwald Norddeutschlands. Geologisch baut sich der Elm hauptsächlich aus fossilreichem Muschelkalkgestein auf, seit dem Mittelalter ein begehrter Baustoff. In Nord-Süd-Richtung überquert die Elm-Hochstraße den schmalen Höhenzug. Beliebter Rastplatz und Treffpunkt für Wanderer ist der **Tetzelstein 11**. Hier beginnen viele schöne Spazierwege durch den Elm, von denen man sich nach der Rückkehr in der beliebten Ausflugsgaststätte erholen kann. Laut Sage liegt unter dem nicht sonderlich großen Stein der berühmt-berüchtigte Ablassprediger Johann Tetzel (1465 bis 1519) begraben, der hier auf dem Elm unter mysteriösen Umständen zu Tode gekommen sein soll. In der Tat war Tetzel wegen seiner finanziellen Machenschaften nicht sonderlich wohlgelitten, gestorben ist er aber eines natürlichen Todes – und zwar in Leipzig.

Am Tetzelstein zweigt auch die Straße in das liebliche ➡ **Reitlingstal 12** ab, ein weitgehend naturbelassener Lebensraum für Wildpflanzen und Singvögel rund um die Teiche des Reitlinger Weidhofs. Ein bequemer und interessanter Rundwanderweg beginnt an der Gaststätte Reitling; er folgt dann einem uralten Schmugglerpfad ins Quellgebiet der Wabe. Zurück geht es durch die Teufelsküche, hier verschwindet der kleine Bach Mönchespring in einem von Bärlauch gesäumten Erdtrichter, einer Doline. Vom 4,5 km langen Rundweg zweigen an drei ausgeschilderten

Das liebliche Reitlingstal inmitten der Wälder des Elms verlockt nicht nur im Frühjahr zu langen Spaziergängen.

Stellen Pirschgänge ab, für die robustes Schuhwerk und Kleidung erforderlich sind.

Kulissen wie für einen Ritterfilm – die Burgen im Elm Im Mittelalter standen zahlreiche Ritterburgen auf dem Elm, so die Höhenburg Warberg, die Elmsburg und Burg Langeleben, eine Wasserburg des Deutschritterordens im Reitlingstal. Leider sind nur noch Mauerreste erhalten. Unzerstört blieb jedoch die Kommende in **Lucklum** ⓭, westlich des Elms. Seit etwa 1213 war der Deutsche Ritterorden in diesem Gebiet ansässig. Ihm gehörten hier mehrere Burgen, in Lucklum errichtete er seinen Ordenskonvent, die Kommende. Das ausgedehnte Gelände ist von einer noch heute erhaltenen Steinmauer umgeben. Kirche, Herrenhaus und Wirtschaftsgebäude begrenzen den quadratischen Innenhof. Den Zugang zum spielfilmreifen Ensemble bildet eine vierreihige Lindenallee mit prächtigen, über 200 Jahre alten Bäumen.

Ebenfalls aus der Zeit der Ritterorden stammen zwei romanische Dorfkirchen. St. Nikolaus in **Kneitlingen** ⓮, ein fast quadratischer Saalbau mit halbrunder Apsis, wurde 1141 von den Tempelrittern gegründet. In Kneitlingen soll Till Eulenspiegel auf die Welt gekommen sein, im Nachbarort **Ampleben** ⓯ wurde er getauft. Allerdings nicht in der prächtigen spätromanischen Kirche aus dem 13. Jahrhundert, sondern in der Schlosskapelle seines Taufpaten Till von Ütze, eines berüchtigten Raubritters. Genaueres über den einfallsreichen Narren und seine Späße erfährt man im Eulenspiegelmuseum in **Schöppenstedt** ⓰.

SPEERFUNDE VON SCHÖNINGEN

Sie werden auf das Ende einer Warmzeit vor 400 000 Jahren datiert und zählen zu den ältesten archäologischen Zeugnissen in Europa: bei Schöningen ❶ gefundene Jagdspeere, mit denen man in der Altsteinzeit Wildpferde zur Strecke brachte. An Ort und Stelle wurde die Beute zerlegt. Dieser Fund widerlegt die Lehrmeinung einiger Paläoanthropologen, der frühe Mensch sei im Wesentlichen ein Aasesser gewesen. Die Herstellung der Jagdwaffen setzt ein komplexes Denken voraus. Die bis zu 2,50 m langen und 5 cm starken Speere funktionierten wie die heutigen Wettkampfspeere und sahen auch fast genauso aus; sie waren schlank und flogen weit. Der Braunkohlentagebau in Schöningen kann besichtigt werden, allerdings ist von der Fundstelle selbst wenig zu sehen. Eine hochinformative Ausstellung (Bild) befindet sich im alten Gefängnis von Schöningen, gleich neben dem Schloss. Die Originale sind im Niedersächsischen Landesmuseum in Hannover ausgestellt.

2 Naturpark Hoher Fläming

Eiszeitlicher Formenschatz – Rummeln und Findlinge

ANFAHRT
Auf der A 9 Berlin–München bis zur Ausfahrt Klein Marzehns, dann der Ausschilderung zum Naturparkzentrum Rabenstein folgen; Bahnhöfe in Belzig und Wiesenburg, von dort Bustransfer zum Naturparkzentrum nach Voranmeldung

LAGE
Zwischen Elbe, Dahme und Baruther Urstromtal im Bundesland Brandenburg

GRÖSSE
827 km^2

HÖCHSTE ERHEBUNG
Hagelsberg (200 m)

GRÜNDUNG
1997

INFORMATION
Naturpark Hoher Fläming
Brennereiweg 45
14823 Rabenstein/OT Raben

TELEFON
033848/600 01

INTERNET
www.flaeming.net

Vor 150 000 Jahren bewegten mächtige Eiszeitgletscher Sand, Lehm, Kies und Gestein und türmten den Hohen Fläming als Teil einer 700 km langen Endmoränenkette von Schleswig-Holstein bis Polen auf. Die eiszeitliche Herkunft verraten zahlreiche Findlinge und Schmelzwasserrinnen, die sogenannten Rummeln. Doch prägen den Hohen Fläming nicht alleine seine interessanten geologischen Strukturen. Vier stolze Burgen, die das schöne Land mit seinen sanften Hügeln, grünen Wäldern und weiten Wiesen überragen, sind nicht zu übersehen. Kleine Dörfer sammeln sich um alte romanische Kirchen, die im Mittelalter aus reichlich vorhandenen Feldsteinen errichtet wurden. Im 12. Jahrhundert holte Brandenburgs Markgraf Albrecht der Bär die Flamen in das Gebiet. Die vielen Mühlen zeugen von den Lebensgewohnheiten der neuen Siedler, ihnen verdankt der Fläming seinen Namen. Neben forstwirtschaftlich genutzten Kiefernforsten gibt es naturnahe Buchen-Eichen-Mischwälder, in denen der Mittelspecht, das Wappentier des Naturparks, nicht zu überhören ist. Obgleich der Hohe Fläming nicht sehr wasserreich ist, entspringen in einer Höhe von 80 bis 100 m zahlreiche Quellen. In klaren Bächen leben Bachforelle, Bachneunauge und sogar der sehr seltene Edelkrebs. Die Belziger Landschaftswiesen am Fuß des Flämings sind Lebensraum der Großtrappen und ein idealer Rastplatz für ziehende Enten und Gänse.

Burgen und Täler Den unwegsamen Fläming überquerten in alten Zeiten nur wenige Straßen. Eine führte von Brandenburg an der Havel südwärts nach Wittenberg an der Elbe. Von der ➠ **Burg Rabenstein ❶**, um 1190 errichtet, überwachten die Belziger Herren diese wichtige Route. Der Name leitet sich von Rauer Stein ab. Die alte Wehranlage erlebte im Lauf der Jahrhunderte viele Veränderungen, geblieben ist der runde Bergfried mit seinem schönen Ausblick auf die naturnahen Wälder des umliegenden Naturschutzgebiets. Eine Gaststätte im Innenhof und eine kleine Bäckerei, die frisches Vollkorngebäck anbietet, laden zur Rast ein. Die Burg ist von der Abfahrt Klein Marzehns der Autobahn A 9 ausgeschildert und rasch zu erreichen.

Der englische Landschaftspark des Schlosses Wiesenburg verspricht erholsame Spaziergänge unter alten Bäumen.

In der Alten Brennerei im Dorf **Raben** ❷ zu Füßen des Rabensteins ist das Naturparkzentrum untergebracht. Angeboten werden ausführliche Informationen zum Naturpark sowie zahlreiche Führungen und Veranstaltungen. Im Mittelpunkt des Dorfes steht die alte, im 13. Jahrhundert erbaute Feldsteinkirche mit schmückenden Bauernmalereien.
Nordwestlich von Raben liegt das **Planetal** ❸.

Riesenstein & Co.: beeindruckende Findlinge Etwa 1 km nördlich von Gubo in Richtung Belzig (Parkplatz) kann ein 12 m tiefes Tal, der ➡ **Brautrummel** ❹, durchwandert werden. Seinen Namen verdankt das Tal einer Sage, die erzählt, dass vor langer Zeit eine junge Braut im abfließenden Wasser eines niedergegangenen Wolkenbruchs ertrunken sei. Am Ende des Brautrummels liegt etwas abseits auf offenem Feld der Riesenstein, oder richtiger gesagt: Er verbirgt sich. Denn von dem gewaltigen roten Granitblock, den die Gletscher von Skandinavien bis hierher trugen, sind über der Erde nur 70 cm zu sehen.
Belzig ❺, das urbane Zentrum des Flämings, blickt auf eine über tausendjährige Geschichte zurück. Ein schlimmes Kapitel der Stadtgeschichte war der Dreißigjährige Krieg, als die kleine Stadt,

Die Burg Eisenhardt in Belzig ist Start und Ziel des beliebten Burgenlaufs.

Ebenso wie die Trockentäler des Flämings, die Rummeln, entstand diese Schmelzwasserrinne in der Eiszeit. Jedoch schäumt die Plane das ganze Jahr über recht ungestüm zu Tal, mehr noch: Auf weiten Strecken treten an den steilen Talrändern kleine Quellen zutage, die auch während trockener Perioden nicht versiegen. In dem feuchten Quellgebiet haben sich bis zu 1 m starke Hangmoore ausgebildet. Das Wasser der Plane ist ungewöhnlich sauber und bietet nicht nur Bachforelle und Bachneunauge besten Lebensraum. Ein Wanderweg führt am Flüsschen Plane entlang nach Rädigke

wie viele andere Orte des Flämings auch, fast vollständig verwüstet wurde. Nur vierzig Menschen überlebten. Auch die mächtige Burg Eisenhardt wurde 1636 von den Schweden zerstört. Erst 50 Jahre später konnte man mit dem Wiederaufbau beginnen. Seit 1990 ist Belzig Solekurort mit umfangreichen Kurangeboten.

RUMMELN

Die typischen geologischen Formationen des Flämings entstanden als Schmelzwasserrinnen am Ende der letzten Eiszeit. Die bis zu 15 m tiefen und oft mehrere Kilometer langen Trockentäler führen nur nach starken Wolkenbrüchen oder während der Schneeschmelze Wasser. Durch die Abholzung der Wälder im Mittelalter konnten Wind und Wasser die Rummeln immer tiefer einkerben; nur eine Wiederaufforstung verhinderte die weitere Ausdehnung der Rummeln. Bekannt sind vor allem der Brautrummel ❹ (Bild) und der Neuendorfer Rummel.

Im benachbarten ⇒ **Wiesenburg** ❻ etablierte sich die Zerbster Herrschaft. Im 13. Jahrhundert wechselte Wiesenburg in den Besitz des Erzbistums Magdeburg. Die mittelalterliche Burg wurde im Schmalkaldischen Krieg von 1546–47 niedergebrannt und noch im selben (16.) Jahrhundert wiederaufgebaut. Nach dem Dreißigjährigen Krieg verfiel das Schloss, der Wiederaufbau dauerte bis in das 18. Jahrhundert hinein. Der 48 m hohe Turm bestimmt noch heute das Stadtbild Wiesenburgs, und der weitläufige englische Land-schaftsgarten führt in eine romantische Welt mit Grotten und Wasserspielen. Naturliebhaber entdecken seltene Nadelgehölze aus China und Japan. Besonders reizvoll ist die Blütezeit (April und Mai) der zahllosen Rhododendren, die noch aus der Gründungszeit des Parks stammen.

In **Görzke** ❼ siedelten sich im 7. Jahrhundert slawische Stämme in den durch die Völkerwanderung weitgehend verlassenen Gebieten an. Mit dem Slawenaufstand im Jahr 983 begannen 150 Jahre kriegerische Auseinandersetzungen zwischen Slawen und Deutschen. Ein slawischer Burgwall aus dieser Zeit kann in der Nähe der Görzker Kirche ausgemacht werden. Die Kirche mit ihrem schönen romanischen Portal versteckt sich unter uralten Linden. Darüber hinaus ist Görzke für seine traditionsreiche Töpferei und den Töpfermarkt zu Ostern bekannt.

Buchen und Bäche Von der Ortschaft Medewitz kommend führt ein Wanderweg in das Naturschutzgebiet **Flämingbuchen** ❽ mit 200 Jahre alten Bäumen, den ältesten Beständen der Flämingbuche. Rotbuchenwälder bilden im Fläming eine Ausnahme; auf den sandigen Böden Brandenburgs wachsen meist Kiefern- oder Eichenmischwälder. Die Voraussetzung für das Gedeihen der hier als Flämingbuche bezeichneten Rotbuche ist der Regen, der an den Hängen des Flämings nie-

Die sanften Höhen des Flämings zieren betagte Windmühlen, Zeugen der früheren Besiedelung durch die Flamen.

dergeht. Die Baumart benötigt mindestens 550 mm Niederschlag pro Jahr und eine ausreichende Bodenfruchtbarkeit. Fast die Hälfte des Naturparks ist heute bewaldet. Das war nicht immer so: Um 1800 waren die Wälder durch jahrhundertelangen Raubbau beinahe verschwunden. Weite Landstriche verheideten, Wanderdünen bedrohten ganze Ortschaften.

Im Naturschutzgebiet **Spring** ❾ kann man ein schönes Beispiel eines Schwindbachs verfolgen: Schon nach wenigen Kilometern verläuft das Wasser buchstäblich im Sand. Das Springer Fließ beginnt als Seegraben bei Wiesenburg und fließt in das Rummelsystem bei dem kleinen Ort Spring, wo es schließlich in den wasserdurchlässigen Bodenschichten versickert. Der Fläming gehört neben der Schwäbischen Alb zu den wasserärmsten Gebieten Deutschlands, nach Stillgewässern sucht man meist vergebens. Lediglich ein lockeres Netz kleiner Bäche, die Flämingfließe, ziert den Naturpark – diese Bäche haben es jedoch in sich. Gefährdete und schützenswerte Tiere wie Bachforelle, Wasseramsel, Bachneunauge und Edelkrebs tummeln sich im sauberen Wasser. Der Schwarzstorch lebt verborgen in den großen feuchten Laubwäldern mit altem Baumbestand. Doch schon kleine Störungen führen zum Verlassen des Nestes und dem Verlust der Brut. Seine Nahrung findet er in fischreichen Gewässern und auf feuchten Wiesen.

Das Urstromtal Im Norden des Flämings fallen die **Garzer Höhen** ❿ steil zum Baruther Urstromtal ab. Von dem Ort Klein Briesen, das nur aus einer Handvoll Häusern und einem Hotel besteht, führt ein Wanderweg zu einem Aussichtsturm am Rande der Geländekante. Über den Wipfeln der Kiefern- und Birkenwälder wirken die 60 m Höhenunterschied zur sonst so flachen Landschaft besonders eindrucksvoll.

Weit geht der Blick in die Niederung der ⚫➡ **Belziger Landschaftswiesen** ⓫, dem EU-Vogelschutzgebiet. Sie entstanden nach dem Abklingen der letzten Eiszeit, als die Schmelzwässer der Gletscher Richtung Nordsee gespült wurden. Zurück blieb ein flaches, mit Bruchwäldern bestandenes Moor. Die dichten Sumpfwälder wurden gerodet und ein engmaschiges Netz flacher Gräben entstand. Die

76 km² große feuchte Niederung, häufig in Nebel von großer Ausdauer gehüllt, gehört zum mächtigen Baruther Urstromtal und ist ein ideales Brutgebiet für die Großtrappe, einen der größten Vögel Europas. Der Märkische Strauß teilt sie sich mit 110 anderen Vogelarten, die ebenfalls in den Belziger Landschaftswiesen brüten, sowie mit Tausenden von durchziehenden oder überwinternden Vögeln.

GROSSTRAPPE *(Otis tarda)*

Die Großtrappe ist der schwerste flugfähige Vogel der Erde. Für die auffällige Bodenbalz im Frühjahr verwandeln sich die Männchen in bizarre, weiße Federbälle. Großtrappen sind bis zu 17 kg schwer und 1 m groß; sie sind gute Läufer, können aber auch weite Strecken fliegen. Ursprünglich bewohnte die Großtrappe die offenen Steppen Osteuropas, wanderte aber um 1800 auch in die feuchten Niederungen Brandenburgs ein. Durch die Intensivierung der Landnutzung nahmen die Bestände seit dem Zweiten Weltkrieg drastisch ab. Im Naturpark wurden 2001 nur noch 48 Großtrappen gezählt – immer noch das größte Vorkommen in Deutschland. Großtrappen leben gesellig, häufig aber nach Geschlechtern getrennt. Die Küken sind Nestflüchter und nur in den ersten Lebenstagen auf die Mutter angewiesen. Die ebenso seltsamen wie seltenen Vögel werden bis zu 25 Jahre alt.

3 Naturpark Fläming/Sachsen-Anhalt

Steinerne Zeitzeugen einer wechselvollen Geschichte

ANFAHRT
Auf der A 9 Berlin–Leipzig bis zur Ausfahrt Coswig, weiter über die B 187 nach Wittenberg; Wittenberg, Coswig und Roßlau sind auch mit der Bahn zu erreichen, von dort Regionalverbindungen in den Naturpark

LAGE
Zwischen dem Hohen Fläming und der Elbe in Sachsen-Anhalt

GRÖSSE
824 km²

HÖCHSTE ERHEBUNG
Michelsberg (184 m)

GRÜNDUNG
2003

INFORMATION
Naturpark Fläming
Rotdornstraße 12
06882 Jeber-Bergfrieden

TELEFON
034907/307 45

INTERNET
www.naturpark-flaeming.de

Über wohlbestellten Feldern, saftigen Wiesen und dichten Wäldern wölbt sich blauer Himmel, von weißen Wolken durchsetzt. Ein paar wenige Dörfer scharen sich um betagte, aus Feldsteinen errichtete Kirchen. Natur- und Kulturlandschaften stehen gleichberechtigt nebeneinander. Elf Landschaftsschutzgebiete wurden zu einem der jüngsten Naturparks zusammengefasst. Der erst 2003 gegründete Naturpark Fläming/Sachsen-Anhalt schließt sich im Westen an den Naturpark Hoher Fläming an und umfasst die Regionen des West- und des Vorflämings bis zum östlichen Elbufer.

Ein Apfelbäumchen pflanzen – Naturbegeisterung heute An den südlichen Ausläufern des Flämings liegt die ➡ **Lutherstadt Wittenberg** ❶, die Wiege der Reformation. Hier schlug Luther am 31. Oktober des Jahres 1517 seine berühmten Thesen an die Tür der Schlosskirche. Noch heute werden diese und noch weit mehr das Haus, in dem Luther mit Frau und Kindern lebte, von zahlreichen Besuchern gewürdigt. Weitere bedeutende Sehenswürdigkeiten sind das Melanchthonhaus, das Cranachhaus und die Stadtkirche.

Martin Luther sagte einst: »Wenn morgen der Jüngste Tag wäre, würde ich heute noch ein Apfelbäumchen pflanzen.« In diesem Sinne kommen naturbegeisterte Familien in der Lutherstadt voll auf ihre Kosten. Westlich des Stadtzentrums liegt der Schmetterlingspark Wittenberg (Ausschilderung folgen). In der rund 1000 m² großen Tropenlandschaft flattern die schönsten exotischen und heimischen Schmetterlinge frei umher.

Durch ein Tiergehege führt der 3 km lange Naturlehrpfad des Stadtwaldes Wittenberg. 80 Arten heimischer Wildtiere wie Mufflons, Wildschweine und Damwild werden hier betreut. Bei Kindern sind die Streicheltiere sehr beliebt. Das Elbe-Elster-Aquarium im Tierpark Wittenberg im westlichen Stadtzentrum zeigt bekannte Arten wie Flussbarsch, Plötze, Zander, Hecht und Aal, aber auch weniger bekannte Fischarten wie Blei, Ukelei, Güster, Kaulbarsch, Döbel und Rapfen.

Von Wittenberg sind es nur wenige Kilometer in nordöstlicher Richtung zum ➡ **Skulpturenpark Bülzig** ❷, einem Landschafts und Kunst

Nektar für Schmetterlinge und Kinderseelen bietet die Tropenlandschaft im Schmetterlingspark in Wittenberg.

erlebnis der besonderen Art. Inspiriert vom Thema Gastmahl der Engel arbeiteten im Sommer 1993 junge Bildhauer, Metallplastiker und Grafiker im Rahmen eines Künstlersymposiums in Bülzig. Die aus Stein, Metall und Holz gefertigten Skulpturen wurden auf renaturiertem Wiesenland aufgestellt. Den nicht ausgeschilderten Skulpturenpark erreicht man nördlich vom Bahnhof Bülzig nach 500 m auf einem Feldweg.

Im Mittelpunkt des Städtchens **Zahna ❸** stehen das markante, 1897/98 erbaute Rathaus und die romanische Kirche St. Marien, der größte und älteste romanische Sakralbau im Fläming. In einem alten flämischen Bauernhof aus dem Jahr 1730 am Ostende der Stadt ist das Bauernmuseum Zahna untergebracht. Neben einer umfangreichen Traktorensammlung sind hier auch eine Schmiede und verschiedene Ackergeräte zu sehen, Einblick in das alltägliche Leben einer Bauernfamilie vermittelt eine Wohnung von 1920.

Ein Wasserschloss, das einst einen berühmten Gast beherbergte Im Jahr 1806 nächtigte Napoleon in **Schloss Kropstädt ❹**. Das Wasserschloss, heute Restaurant und Hotel, liegt in einem herrlichen, 10 ha großen Landschaftspark, an den sich nördlich die Kropstädter Heide anschließt. Seit den Tagen des Imperators muss die Heide jedoch zugewuchert sein, nur an wenigen Stellen im dichten Wald ist sie noch zu erahnen.

Gastmahl der Engel heißt diese Skulpturengruppe aus Holz und Metall in der offenen Landschaft des Flämings.

Ein Naturlehrpfad in ➡ **Jeber-Bergfrieden ❺** führt durch einen typischen Flämingwald mit Eichen und Kiefern. Das neue Naturlehrpfadhaus mit dem grünen Klassenzimmer unter freiem Himmel unterrichtet über Naturschutz, Forstwirtschaft und Jagd.

Das Flüsschen Rossel strömt von den Hängen des Flämings zur Elbe und treibt seit über 400 Jahren den **Kupferhammer Thiessen ❻** an. Das technische Denkmal im grünen Rosseltal wurde 1983 renoviert und kann besichtigt werden. Wo die Rossel in die Elbe mündet, entstand schon im 12. Jahrhundert die **Wasserburg Rosslau ❼**. Die denkmalgeschützte Burg wartet auf ihre Renovierung und verdingt sich zwischenzeitlich als überaus stilechte Kulisse für ein fröhliches Mittelalterspektakel im Frühjahr.

Am Ortsausgang von **Coswig ❽** Richtung Möllendorf beginnt der 7 km lange Bismarcksteig. Er führt am Wörpener Bach entlang durch eine typische Fläminglandschaft. Ein 1,8 km langer Abschnitt wurde als Waldlehrpfad angelegt. Auf dem 142 m hohen Hubertsberg lugt der Bismarckturm aus dem Wald.

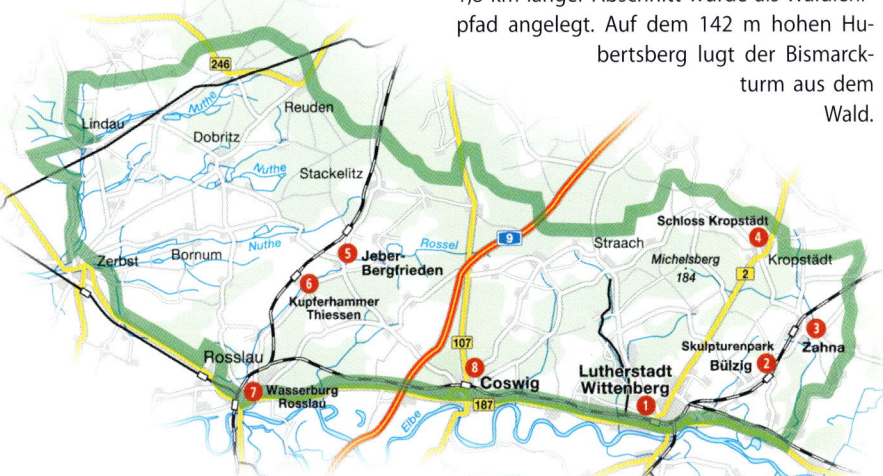

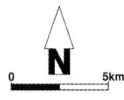

4 Naturpark Nuthe-Nieplitz
Eine der letzten aktiven Binnenland-Wanderdünen Deutschlands

ANFAHRT
Auf der A 10 (südlicher Berliner Ring) bis Ausfahrt Michendorf, weiter auf der Landstraße über Freesdorf und Stücken nach Blankensee; die Bahn (RE 3) fährt von Berlin nach Beelitz und Treuenbrietzen

LAGE
Südwestlich von Berlin im Bundesland Brandenburg

GRÖSSE
623 km²

HÖCHSTE ERHEBUNG
Planitzhöhe (105 m)

GRÜNDUNG
1999

INFORMATION
Naturpark Nuthe-Nieplitz
Beelitzer Straße 24
14947 Nuthe Urstromtal/OT Dobbrikow

TELEFON
033732/506 10

INFOHAUS
NaturParkZentrum am
Wildgehege Glauer Tal
Glauer Tal 1
14959 Trebbin/OT Blankensee

INTERNET
www.naturpark-nuthe-nieplitz.de

Südwestlich von Berlin treffen bei Jütchendorf zwei kleine Flüsschen aufeinander: Nuthe und Nieplitz. Sie haben auf ihrem Lauf eine Kette flacher Seen durchströmt und zahlreiche überflutete Wiesen zurückgelassen. In den vergangenen Jahrhunderten waren die Niederungen an Nuthe und Nieplitz häufig von heftigen Überschwemmungen heimgesucht worden. Doch schon im 18. Jahrhundert wurden die Flüsse begradigt und reguliert. Das brachte bessere Ernten, andererseits verringerten die sinkenden Wasserstände den Fischreichtum. Diese systematische Entwässerung wurde nach 1991 aufgegeben. In kurzer Zeit stieg der Wasserspiegel deutlich an, weite Wiesengebiete sind heute ganzjährig überflutet, bei Stangenhagen bildeten sich Flachwasserseen. Die wieder entstandene Auenlandschaft wurde alsbald von Störchen und Gänsen, Kranichen und Seeadlern, Fröschen und Kröten in Besitz genommen. Einen Gegensatz zu der Feuchtwiesenlandschaft bildet die 9 ha große Flugsanddüne im südlichen Zipfel des Naturparks auf dem Gelände eines ehemaligen Truppenübungsplatzes.

Neue und alte Gewässer Am Ufer des größten Sees im Naturpark liegt der gleichnamige Ort **Blankensee** ❶, vom Wasser durch einen bis zu 300 m breiten Schilfgürtel getrennt. Auch ohne Fernglas lassen sich von einem langen Bohlensteg aus unzählige Wasservögel beobachten. Der anmutig Park des Schlosses Blankensee wurde vom preußischen Gartenbaumeister Peter Josef Lenné angelegt. Der letzte Schlossherr, der Dramatiker Hermann Sudermann, schmückte ihn nachträglich mit Kunstschätzen, die er auf seinen Reisen gesammelt hatte. Ursprünglich gehörte das Gut der Familie von Thümen, einem Adelsgeschlecht, das 500 Jahre lang die Region beherrschte. In der Nähe des Parktors steht ein historisches Bauernhaus von 1649. Das typisch märkische Mittelflurhaus beherbergt ein ausgesprochen informatives Bauernmuseum.

➠➡ **Stangenhagen** ❷ könnte man als Herzstück des Naturparks bezeichnen. Nach 1991 entstand hier der etwa 200 ha große Schwanensee – an einer Stelle, an der sich bereits vor 15 000 Jahren ein größerer See ausge-

Zwischen den Flussläufen von Nuthe und Nieplitz breitet sich eine feuchte Wiesen- und Auenlandschaft aus.

breitet hatte, der aber mehr und mehr vermoorte und schließlich trockengelegt wurde. Nachdem 1991 der Betrieb des Schöpfwerks in Stangenhagen eingestellt wurde, entstand der neue See, von Rohrkolben, Großseggen und Weidenbüschen gesäumt. Es wird sich, wenn auch nur langsam, hier wieder ein Moor bilden. Die faszinierende Welt der Wasservögel lässt sich am besten von einem eigens dafür errichteten Turm aus beobachten.

Die im Oberlauf malerische Nieplitz durchfließt **Treuenbrietzen** ❸. Ursprünglich hieß die kleine Stadt einfach Brietzen, durch ihre Treue zu den Wittelsbachern erhielt sie den Namenszusatz Treuen. Treuenbrietzen setzte seinem Frauenzimmer Sabinchen, das in der bekannten Moritat einem treulosen Schuhmacher erliegt, ein Denkmal. So ist die Sabinchenstadt nicht einfach nur ein schönes Städtchen mit mittelalterlichem Grundriss und erhaltener Stadtbefestigung.

3 km östlich von Treuenbrietzen erstreckt sich der **Zarth** ❹, eine abwechslungsreiche Gegend mit Wäldern, Wiesen, Sümpfen und offenen Wassern, die vielen seltenen Vögeln besten Lebensraum bietet. Die Landschaft an Nuthe und Nieplitz ist keineswegs nur flach. Die letzte Eiszeit hat zwischen Blankensee und Glau eine Endmoräne hinterlassen, die Glauer Berge, die teilweise in das Wildschutzprojekt ➡ **Glauer Tal** ❺ einbezogen wurden. Auf einer Fläche von 160 ha hält das hier frei lebende Dam-, Rot- und Muffelwild durch Verbiss und Tritt die Freiflächen zwischen den Wäldern offen. Die Tiere werden nicht gefüttert und legen daher ihre Scheu gegenüber dem Menschen nicht ab. So kann man sie von einem 5 km langen Wanderweg unter natürlichen Bedingungen beobachten. Besonders eindrucksvoll ist die Brunft der Rothirsche Ende September. Angeboten werden neben naturkundlichen Führungen auch Kremserfahrten. Der Zugang zu dem eingezäunten Wildgehege liegt an der Straße von Blankensee nach Glau.

Neuer Lebensraum entsteht Flugsanddünen sind im deutschen Binnenland äußerst selten, die ➡ **Wanderdüne Jüterbog** ❻ ist 9 ha groß. 160 Jahre lang wurde das Gelände westlich der Stadt militärisch genutzt. Mahlende Panzerketten und Flächenbrände zerstörten einerseits die Landschaft, andererseits konnten sich auf den entstandenen freien Flächen die Dünenlandschaften ausweiten und Tiere und Pflanzen ansiedeln, die sonst keine geeigneten Lebensbedingungen mehr finden. Dieser schützenswerte Lebensraum kann nur durch menschliche Eingriffe erhalten werden. In Zukunft sollen die Wander-, Rad- und Reitwege auch die Randbereiche zugänglich machen.

Klein und fein – die schmucke Sabinchenstadt Treuenbrietzen

5 Naturpark Dahme-Heideseen
Auf den Spuren Fontanes – eine Wanderungen durch die Mark Brandenburg

ANFAHRT
Auf der A 13 Berlin–Dresden bis zur Ausfahrt Teupitz; ab Bahnhof Königs Wusterhausen mit Bus 724 zum Naturschutzzentrum Prieros

LAGE
Der Naturpark liegt rund 30 km südöstlich von Berlin in Brandenburg

GRÖSSE
ca 600 km²

HÖCHSTE ERHEBUNG
Blocksberge (110 m)

GRÜNDUNG
1998

INFORMATION
Naturpark Dahme-Heideseen
Arnold-Breithor-Straße 8
15754 Heidesee

TELEFON
033768/96 90

INFOHAUS
Besucherzentrum Burg Storkow
Schloßstraße 6
15859 Storkow
Telefon 033678/442 83

INTERNET
www.mugv.brandenburg.de

Abendkühle senkt sich nach einem warmen Herbsttag über den Schafer See bei Teurow.

Der große Schriftsteller Theodor Fontane war nicht der Erste, der zu Fuß und mit dem Schiff durch die Mark Brandenburg wanderte, doch seine Schilderungen haben immer noch Bestand. Im vierten Teil seiner Reisebeschreibung bemerkt er: »Das Land Beeskow-Storkow ist ein wenig bekannter Winkel, der nichtsdestoweniger seine Schönheit und Geschichte hat.« Eine Wertung, die viele Großstadt-Berliner zu Beginn des 20. Jahrhunderts begeistert aufgriffen. Die Wanderung »raus in't Jrüne« begann, zunächst nur an Wochenenden. Später errichteten Berliner ihre Wochenendhäuser entlang dem Flüsschen Dahme, richtige Siedlungen entstanden allmählich. Am Drang ins Grüne hat sich bis heute nichts geändert. Die Dahme durchfließt eine ganze Kette von Seen, ideal für Wassersportfreunde aller Couleur und natürlich für Badefreudige, die im Sommer gerne an die Heideseen strömen. Heide war früher eine häufige Flurbezeichnung und kennzeichnete nicht etwa eine idyllische Heidelandschaft, sondern sandige und wenig ertragreiche Gebiete.

Auf den Spuren Fontanes Theodor Fontane unternahm auch eine Dampferfahrt auf der Dahme, einem Nebenfluss der Spree, von Köpenick nach ➠ **Teupitz** ❶. Der malerische Ort mit einem Schloss auf einer Halbinsel, idyllisch im See gelegen, ist Ausgangspunkt einer Schifffahrt auf Fontanes Spuren. Am Anlegesteg Bohrs Brücke in Teupitz kann man zwischen verschiedenen Routen wählen: die einfache Rundfahrt über den Teupitzer See, die klassische Tour über vier Seen, eine Sieben-Seen-Fahrt mit Passage der Zugbrücke bei Groß Köris sowie die Große Rundfahrt, die zehn Seen durchquert und fünf Stunden dauert.
Mit Stolz zeigt man in **Groß Köris** ❷ die 1855 erstmals erwähnte Zugbrücke. Das technische Baudenkmal regelt noch heute die Durchfahrt für größere Schiffe zwischen dem Klein Köriser und dem Teupitzer See. Zum Backofenfest in Groß Köris wird jedes Jahr im Sommer der große Backofen zum Brot- und Kuchenbacken angeheizt. Im benachbarten **Klein Köris** ❸ sollte man sich die Ausgrabungen eines Germanendorfs (Seite 23) anschauen .

Heimatkunde und blühende Gärten Inmitten von Gewässern und uralten Wäldern mit den selten gewordenen Traubeneichen liegt das märkische Runddorf ➡ **Prieros ❹**. Die Dubrow-Forste dienten schon den preußischen Königen als Jagdrevier, die den Wert dieser Eichenwälder erkannt hatten. Prieros beherbergt heute in seiner alten Dorfschule das Besucherzentrum der Naturparkverwaltung. Bäuerliche Lebensweise und altes Handwerk vermittelt das Heimatmuseum in einem über 250 Jahre alten schilfgedeckten Fachwerkhaus. Früher blühte in der Region die Ton- und Ziegelindustrie; der nach historischem Vorbild errichtete Freibrandofen in Prieros erinnert noch daran und wird auch heute gern zum Schürbrand angefacht. Hobbygärtner erfreuen sich an dem 1995 eröffneten Biogarten, der naturnahen Gartenbau praktisch veranschaulicht. Sehenswert sind auch der Gewürz- und Heilkräutergarten sowie der sich anschließende Botanische Garten.

Von Prieros führt ein Wanderweg über den Streganzer Berg – mit 94 m Höhe immerhin die zweithöchste Erhebung des Naturparks – nach **Streganz ❺**, einer Gründung westslawischer Wenden. Ihre Rundlingsdörfer legten sie meist am Rande von Gewässern an. In Orten wie Streganz oder **Pätz ❻** ist die ursprüngliche Anlage der Dörfer mit ihren baumbestandenen Dorfangern noch gut zu erkennen.

Auf eine noch längere Tradition kann die ➡ **Fischerei Köllnitz ❼** bei Groß Schauen zurückblicken. Sie wurde bereits 1209 in einer Urkunde von Kaiser Otto IV. genannt. Der Fischfang war für die Bewohner rings um die Groß Schauener Seenkette immer von größter Bedeutung. Noch heute tuckern flache Kähne hinaus zu den Reusen. Fangfrischer Fisch wird in den Köllnitzer Fischerstuben serviert. Das Fischereimuseum zeigt Gerätschaften aus vielen Jahrhunderten und informiert über die Geschichte des Fischfangs. Mit Rastplatz, Restaurant, Museum und Landhotel zählt die Fischerei Köllnitz zu den beliebtesten Ausflugszielen im Naturpark Dahme-Heideseen. Sie liegt an der B 246 nahe Storkow. Zur Seenkette gehören der Schaplowsee, der

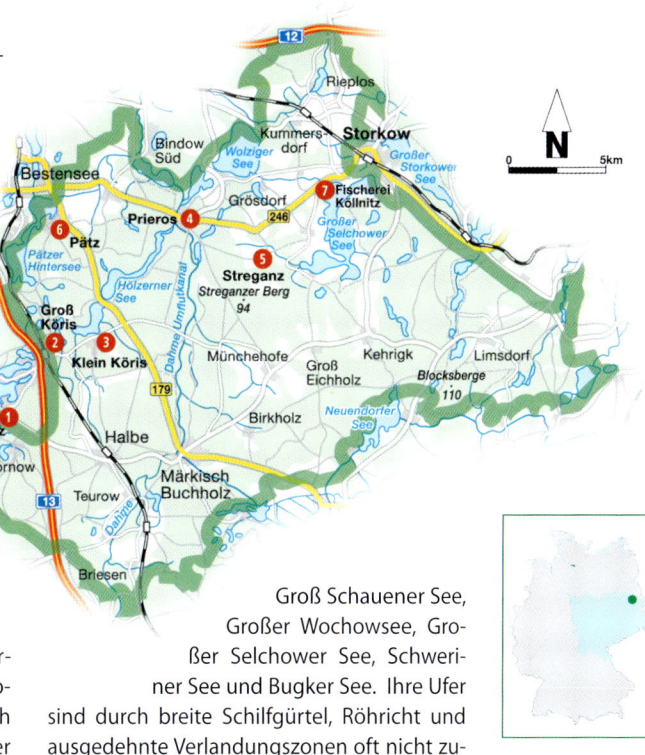

Groß Schauener See, Großer Wochowsee, Großer Selchower See, Schweriner See und Bugker See. Ihre Ufer sind durch breite Schilfgürtel, Röhricht und ausgedehnte Verlandungszonen oft nicht zugänglich. Dort fühlen sich nicht nur Wasservögel wohl, auch der Fischotter hat hier seine Heimat, ebenso wie seltene Insekten und viele geschützte Pflanzen. Um diesen wertvollen Naturraum zu erhalten, erwarb der berühmte Naturfilmer Heinz Sielmann im Jahr 2002 die gesamte Seefläche. Auf dem Gelände des Fischerhofs Köllnitz informiert ein Dokumentationszentrum über die Aktivitäten seiner Stiftung.

GERMANENDORF KLEIN KÖRIS

Vor den Slawen siedelten Germanen im Dahmegebiet, die jedoch mit der Völkerwanderung wieder abzogen. Zurück blieb eine Siedlung bei Klein Köris ❸, die 1971 entdeckt wurde. Nach jahrzehntelangen archäologischen Aufgrabungen wird das Dorf nun von einem Verein am Fundort als Freilichtmuseum wieder aufgebaut. Wie lebten die Dorfbewohner vor über 1500 Jahren? Auf

diese und andere Fragen bietet das Freilichtmuseum Antworten. An jedem ersten Sonntag im Monat werden Führungen angeboten. Das Museum befindet sich am östlichen Ortsrand von Klein Köris .

6 Biosphärenreservat Spreewald
Einzigartiges Binnendelta mit Auenlandschaften und verzweigten Fließen

ANFAHRT
Auf der A 13 Berlin–Dresden bis zur Ausfahrt Duben und weiter auf der B 87 nach Lübben; die Städte Lübbenau und Lübben sind auch mit der Bahn zu erreichen

LAGE
Im südlichen Brandenburg, rund 100 km südöstlich von Berlin

GRÖSSE
475 km²

HÖCHSTE ERHEBUNG
Wehlaberg (144 m)

GRÜNDUNG
1991

INFORMATION
Biosphärenreservat Spreewald
Schulstraße 9
03222 Lübbenau/Spreewald

TELEFON
03542/892 10

INTERNET
www.mugv.brandenburg.de

Spreewald – die Sorben nennen ihn Blota, was Sumpf bedeutet. Seit dem Mittelalter leben sie auf den wenigen hochwasserfreien Stellen des Spreewalds, erst im 18. Jahrhundert wurden auch die Niederungen besiedelt. Die Spree bildet in dieser flachen Landschaft ein Delta, ähnlich der Mündung großer Ströme am Meer. Das natürliche Binnendelta mit den verzweigten Flussarmen und den Zuläufen hat eine Gesamtlänge von beachtlichen 1550 km. Von fast jedem erreichbaren Ort starten Kähne zu Fahrten durch die geheimnisvollen, von Schwarzerlen beschatteten und mit Blutweiderich und Schwanenblumen gesäumten Wasserkanäle. Wie ein venezianischer Gondoliere stakt der Bootsführer durch das Labyrinth der Flüsschen. Die bei den Besuchern beliebten Kahnpartien sind längst zu einem festen Bestandteil der spreeländischen Wirtschaft geworden. Bis zu 4 Millionen Touristen besuchen jedes Jahr das Biosphärenreservat. Das Gewässernetz des Spreewalds ist nicht als reines Naturschutzgebiet ausgewiesen, sondern wird nach wie vor für den Anbau von Kürbissen, Zwiebeln, Meerrettich und vor allem der begehrten Spreewaldgurken genutzt. Wie erfolgreich Naturschutz, Landwirtschaft und Tourismus zusammenarbeiten können, beweist die Spree selbst. Ihr Wasser fließt aus dem Spreewald in besserer Qualität heraus, als es ihn erreicht hat.

Geliebter Oberspreewald An der Stelle, wo die Spreeniederung aufgrund der natürlichen Talverengung schon von alters her am günstigsten zu durchqueren war, liegt **Lübben/Lubin** ❶. Sehenswert ist die teilweise erhaltene Stadtbefestigung sowie das Schloss mit Stadt- und Regionalmuseum. Von Lübben aus kann man Kahnfahrten sowohl in den Unter- als auch in den Oberspreewald unternehmen, zahlreiche Rad- und Wanderwege haben ebenfalls hier ihren Ausgangspunkt.

Der Dreh- und Angelpunkt im Biosphärenreservat ist das Städtchen ⇒ **Lübbenau/Lubnjow** ❷. In der historischen Altstadt präsentiert das Haus für Mensch und Natur eine Ausstellung zur Entstehung der Kulturlandschaft des Spreewalds. Das Spreewaldmuseum im Gerichtsgebäude zeigt typische Trachten und informiert über die Geschichte der Region. Von der Altstadt zu den Kahnhäfen sind es nur wenige Schritte.

Die klassische Kahnpartie durch verzweigte Flussreviere bildet den romantischen Höhepunkt jeder Spreewaldreise.

Die bekannteste der vielen Ablegestellen für die Spreewaldgondeln ist der Große Hafen in der Dammstraße. Fünfzig und mehr Kähne warten hier auf Kundschaft.

derweg beginnt am Lübbenauer Kahnhafen und führt zuerst zum Lübbenauer Schloss, das als Restaurant und Hotel dient. Die Orangerie wird für kulturelle Veranstaltungen genutzt. Vor der klassizistischen Schlossanlage steht das ältestes Haus der Stadt, ein zweistöckiger Fachwerkbau. In Lehde erwartet den Spaziergänger außer zahlreichen Gasthäusern ein Gurken- und Bauernmuseum, ein Aquarium mit heimischen Fischen und das sehenswerte Freilandmuseum mit der Sammlung sorbischer Volkskultur.

In Lehde beginnt ein rund 6 km langer Wanderpfad zum östlich gelegenen Spreewalddorf Leipe. Der Weg führt am **Hochwald** ❹ vorbei, dem Rest des ursprünglichen Erlenwaldes, der einst fast den ganzen Oberspreewald überzog. Ein kleiner Teil wurde zur Schutzzone erklärt. Hier kann sich der Wald noch natürlich entwickeln: Alte und kranke Bäume sterben ab und werden für viele Pilze, Pflanzen und Tiere zu neuem Lebensraum. Traubenkirsche, Faulbaum, Johannis- und Brombeere sowie Brennnesseln machen den Wald undurchdringlich. Eine naturnahe Bewirtschaftung des Hochwaldes ist hier angestrebt: Kahlschläge werden vermieden, Totholz verbleibt im Wald, auf die Brut- und Aufzuchtzeiten bedrohter Vogelarten wird Rücksicht genommen. Das geschlossene Waldgebiet kann nur über Kanäle und Fließe erreicht werden. Tagestouren werden zum Beispiel ab dem Großen Fährhafen in Lübbenau angeboten.

Die Holländermühle in Straupitz ist die einzige sich noch drehende Dreifachmühle in ganz Europa.

Das stille Spreewalddorf ➡ **Lehde** ❸, das Klein-Venedig des Spreewalds, bietet Romantik pur. Die Holzhäuser des kleinen Dorfes erheben sich auf Inselchen, die durch zahlreiche Kanäle voneinander getrennt sind und die man nur über Holzbrücken erreicht. Parkplätze sind rar in Lehde, und so nähern sich die meisten Besucher entweder per Kahn oder zu Fuß dieser Inselidylle. Der beliebte, nur 2 km lange Wan-

Sorbische Trachten und natürlich die Spreewaldgurken gehören zum traditionellen Trachtenfest des Amtes Burg.

Inseln im Delta – per Rad, Boot oder zu Fuß unterwegs Der kleine Ort **Leipe** ❺ liegt auf einer Grundmoräneninsel und konnte bis zum Jahr 1936 nur mit dem Kahn erreicht werden. Erst dann wurde der Fußweg von Lehde zu dem 1315 gegründeten Dorf angelegt. Heute ist Leipe – inmitten der typischen kleinräumigen Spreewaldlandschaft aus Wiesen, Weiden, Feldern und Wald gelegen – ein beliebtes Etappenziel für Paddler, Wanderer und Radler.

In der Umgebung von ➡ **Burg/Borkowy** ❻ stehen heute noch über 1000 Häuser und Ställe in Blockbauweise, der traditionellen Bauform des Spreewaldes. Verwendet wurde meist Erlenholz, das man im moorigen Wasser lagerte und es so gegen Wurmfraß und Fäulnis widerstandsfähig machte. Daher rührt auch die typische dunkle Färbung der Holzhäuser. Burg ist keine geschlossene Ortschaft, sondern eine Streusiedlung mit Burg-Dorf sowie den Ortsteilen Kauper und Kolonie. Die alten Blockhäuser stehen verstreut auf satten Wiesen, zwischen üppigen Gemüsefeldern und Obsthainen.

Hochwasser war in Burg wie im gesamten Spreewald Segen und Fluch zugleich. Das gefürchtete Sommerhochwasser konnte die gesamte Ernte vernichten. Bis zum Bau des Nordumfluters war die Spree unberechenbar. Allein in den Jahren 1891 bis 1933 wurden 124 Überflutungen gezählt, davon 46 im

---

DIE SPREEWALDGURKE

Die feuchten, humusreichen Böden und das Klima im Spreewald tragen zum guten Wachstum der Gurken bei. Der eigentliche Grund ihres delikaten Geschmacks ist jedoch in der besonderen Art ihrer Verarbeitung zu finden. Früher dauerte die Gärung in großen Fässern mehrere Wochen. Heute werden die Gurken unter Zugabe von Natronlauge auf 70 °C erhitzt und gelangen sofort in den Handel. Die Zusammensetzung der Zutaten – wie Basilikum, Zitronenmelisse, Wein-, Kirsch- oder Nussblätter – bleibt ein wohlgehütetes Geheimnis. Spreewaldgurken sind seit März 1999 ein EU-weit geschütztes Markenzeichen. Und sie dienen als Namengeberin für den Gurken-Radweg, eine erlebnisreiche Rundtour durch den gesamten Spreewald, zu finden unter www.spreeradweg.de

---

FREILANDMUSEUM LEHDE

Das Museum im idyllischen Spreewalddorf Lehde ❸ zeigt original sorbische Einrichtungen und Traditionen aus dem 19. Jahrhundert. In drei Gehöften wird gezeigt, welche sozial und regional unterschiedlichen Lebensweisen im Spreewaldgebiet anzutreffen waren. Im Hof Lehde steht das große Familienbett im einzigen Raum – Schlafstatt für drei Generationen. Eine Hofanlage aus Burg zeigt ein komfortables Doppelstubenhaus mit großer Scheune und Kahnschuppen. Das Fachwerkhaus aus dem Randgebiet des Spreewalds beherbergt heute eine Galerie sowie eine Blaudruck- und Töpferwerkstatt. Am schönsten ist ein Museumsbesuch zu Feiertagen und Festen. Männer und Frauen zeigen Traditionshandwerk, Kinder in reich verzierter Tracht (Bild) singen sorbische Lieder und tanzen nach altem Brauch.

Sommer. Die ständig feuchten Wiesen konnten oft erst im Herbst gemäht werden, das Heu wurde den Winter über auf pyramidenartigen Heuschobern gelagert. Diese charakteristischen Heuschober, noch heute auf den Wiesen zu sehen, lassen das Regenwasser an der Oberfläche abtropfen, das Innere des Schobers bleibt trocken.

Etwas außerhalb des Dorfes Burg liegt an der Straße nach Straupitz der Schlossberghof, ein Informationszentrum des Biosphärenreservats. Über die Natur im Spreewald informiert auf anschauliche Weise die behindertengerechte Natur-Erlebnis-Uhr inmitten einer alten Streuobstwiese. Stunde für Stunde lässt sich die Spreewaldnatur schmecken und riechen, fühlen und hören. In dem sehenswerten **Arznei- und Kräutergarten** ❼ gedeihen über 400 verschiedene Heilpflanzen: Baldrian, Schöllkraut, Kamille, beliebte Küchenkräuter

Die charakteristische Blockbauweise wie hier im idyllischen Lehde findet sich noch in vielen Dörfern des Spreewalds.

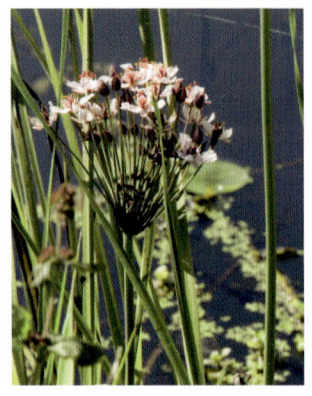

SCHWANENBLUME *(Butomus umbellatus)*

Die Sumpfpflanze ist selten, aber nicht gefährdet. Inmitten ihrer grasartigen, bis 150 cm langen Blätter erhebt sich der doldige, rosa-weiß gefärbte Blütenstand auf hohem Stiel. Die Wärme liebende Schwanenblume wächst in Auengewässern, sie verträgt gut stark wechselnde Wasserstände. Der schwanenhalsartig geformte Fruchtknoten gab der Pflanze ihren schönen Namen.

wie Salbei, Rosmarin, Melisse, Minze, Oregano und Thymian bis hin zu Lein, der früher im Spreewald zur Herstellung des Leinöls angebaut wurde. Kartoffeln mit Leinöl, das typische Gericht des Spreewaldes, wird heute noch serviert, beispielsweise in der Gaststube der Holländerwindmühle **Straupitz/Tsupc** **8**, wenige Kilometer nördlich von Burg. Die Straupitzer Mühle ist die letzte ihrer Art. Die Windenergie wird hier dreifach zum Mahlen, Sägen und als Ölmühle verwendet. Das Leinöl kommt also ganz frisch auf den Tisch. Die denkmalwürdige Dreifachmühle war lange Zeit einsturzgefährdet und konnte nach aufwendiger Restaurierung 2003 wieder eröffnet werden.

Unterspreewald – Stille und ungestörtes Naturerlebnis Anders als im Oberspreewald finden sich im Unterspreewald noch große Waldgebiete. Zentrum ist das Storchendorf ➠ **Schlepzig/Slopisca** **9**. Unter Wasser unterwegs heißt eine spannende Ausstellung des Biosphärenreservats Spreewald in der alten Mühle am Hafen. Man taucht förmlich in die Lebenswelt eines Spreewaldfließes ein: ein großer Hecht schwebt durch den Raum, Wasserflöhe sind in 150-facher Vergrößerung zu sehen.

Auf Naturlehrpfaden kann man in Schlepzig Natur live erleben. Ein 6 km langer Rundweg durch das **Naturschutzgebiet Buchenhain** **10** beginnt an der Zerniasfließbrücke, nur einen knappen Kilometer in Richtung Kriegbusch. Der Pfad führt über den Archendamm, den ältesten Deich des Spreewalds – er stammt noch aus dem 14. Jahrhundert. Die kleinen Tümpel zu seiner Seite sind wertvolle Biotope. Ohne diesen angelegten Pfad wäre der feuchte Erlenbruch nicht zu betreten. Einige Abschnitte stehen das ganze Jahr unter Wasser. Mooskissen bedecken die ständig nassen

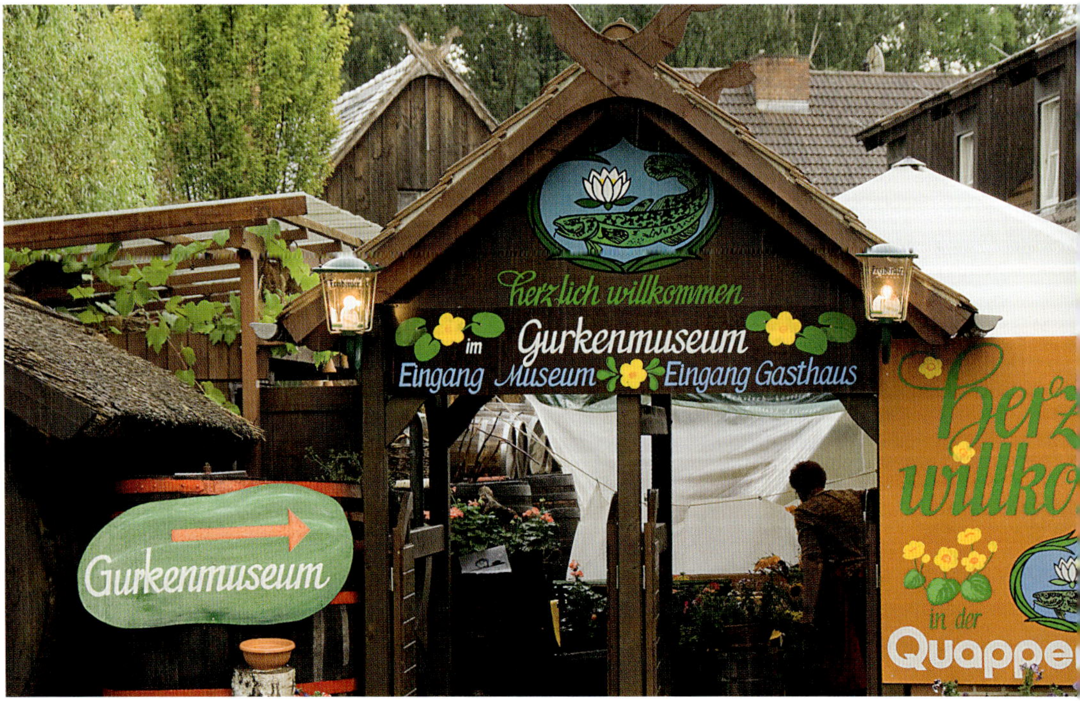

Vom Leben im Spreewald in vergangenen Zeiten erzählt das Gurkenmuseum.

Die kleinen Inseln mit den dunklen Blockwohnhäusern sind durch Brücken miteinander verbunden.

Wurzelstöcke der Schwarzerlen. Auf dem 8 km langen Ornithologischen Lehrpfad, der von Schlepzig zu zwölf Fischteichen und einem alten Hutewald führt, lassen sich See- und Fischadler, Kormoran, Milan sowie Weiß- und Schwarzstorch beobachten. Vor allem Weißstörche brüten in Schlepzig in großer Zahl. Die 5 km lange Wanderung durch die Kulturlandschaft Pauck wird somit zur Entdeckungstour im Lebensraum des Weißstorchs. Die Naturwacht bietet Führungen an, auf denen man viel über den eleganten Vogel erfahren kann.

Der **Kriegbusch** ⑪, südlich von Schlepzig, wurde wegen der zahlreich auf Bäumen nistenden Weißstörche bereits 1938 unter Naturschutz gestellt. Auch Kraniche, der seltene Schwarzstorch und das noch viele seltenere Blaukehlchen brüten hier.

Nach Norden wird der Spreewald von einem Endmoränenbogen aus der Eiszeit begrenzt. Die **Krausnicker Berge** ⑫ bilden mit dem 144 m hohen Wehlaberg die höchste Erhebung des Biosphärenreservats. Zahlreiche gekennzeichnete Wanderwege erschließen diese reizvolle Region.

Ganz im Norden des Biosphärenreservats liegt der **Neuendorfer See** ⑬. Zusammen mit dem Köthener See und dem etwas weiter entfernten Schwielochsee bietet er beste Möglichkeiten zum Baden, Rudern, Segeln, Surfen und Angeln. Am Köthener See erwartet eine beliebte Jugendherberge junge Naturfreunde. Die vier Campingplätze am Neuendorfer See eignen sich für einen Urlaub in schönster Umgebung. Vom Schwielochsee fährt ein Fahrgastschiff die Spree abwärts bis nach Beeskow.

SPREEWALD-KAHNFAHRT

Kahnfahrten beginnen in Schlepzig ⑨, Lübben ①, Lübbenau ② und Burg ⑥. Auf 250 km Fließgewässer sind die Touristenkähne unterwegs. Meist geht es recht fröhlich zu, gerne wird ein Piccolo oder ein Bierchen serviert. Der Gondoliere erzählt Geschichten aus dem Spreewald und weist auf seltene Tiere und Pflanzen hin. Zwischen Lübbenau und Lehde ③ findet zeitweise ein regelrechter Linienverkehr per Boot statt, an den Haltestationen hängen Fahrpläne aus. Mit einem gemieteten Paddelboot kommt man dem Lebensgefühl der Spreewälder wohl näher. Noch heute staken die Einheimischen auf ihren flachen Gondeln durch die Fließe.

7 Naturpark Schlaubetal

Ein stilles Bachtal, eine paradiesische Idylle für Pflanzen und Tiere

ANFAHRT
Auf der A 12 Berlin–Frankfurt/Oder bis zur Ausfahrt Müllrose; mit der Bahn über Frankfurt/Oder nach Müllrose (Fahrradverleih)

LAGE
In der Region Oder-Neiße im Osten des Bundeslandes Brandenburg, südwestlich von Frankfurt/Oder

GRÖSSE
227 km²

HÖCHSTE ERHEBUNG
Bei Reicherskreuz (127 m)

GRÜNDUNG
1995

INFORMATION
Naturpark Schlaubetal
Naturschutzstation Wirchensee
15898 Treppeln

TELEFON
033673/422

INFOHAUS
Schlaubetalinformation
Kietz 5
15290 Müllrose

INTERNET
www.mugv.brandenburg.de

Einsamkeit und Stille umgibt den Wanderer im Schlaubetal, durch das Laub der Bäume bricht karg das Licht. Nur spärlich ist dieses Naturparkgebiet besiedelt – ein paar Dörfer, eine mittelalterliche Kleinstadt, kaum ein Fünftel der Fläche wird landwirtschaftlich genutzt. Die urtümliche Landschaft des Schlaubetals bildete sich vor rund 90 000 Jahren in der Weichsel-Eiszeit, und fast hat es den Anschein, als hätte die Zeit dieses Tal einfach vergessen. Durch das Abtauen des Eispanzers entstanden Schmelzwasserrinnen, die heute die Flussbetten von Schlaube, Oelse, Dorche und Demnitz bilden und die eine außerordentlich vielseitige Landschaft mit Tälern, Wäldern, Mooren, Seen und Heiden mit Binnendünen hinterließen. Über 1000 Pflanzen-, 720 Großschmetterlings- und 200 Brutvogelarten leben hier – allein 13 dieser Tier- und Pflanzenarten kommen im ganzen Bundesland Brandenburg nur hier vor. Eine alte Sage der Gegend erzählt von einer Schlangenkönigin, die einen Bauernjungen mit einem großen Goldstück beschenkte. Doch der Reichtum des Schlaubetals lässt sich nicht in Gold aufwiegen. Einheimische und Besucher schätzen die Schönheit und Ursprünglichkeit dieser abgelegenen Landschaft, in der sich Mensch und Natur noch begegnen können.

Abwechslungsreiche Seenlandschaft Für den von Norden kommenden Besucher ist das um 1260 gegründete Städtchen **Müllrose** ❶ das Tor zum Schlaubetal. Der historische Stadtkern mit der barocken Pfarrkirche von 1746, vor allem aber die schönen Seen der Umgebung locken zahlreiche Erholungsuchende in den staatlich anerkannten Kurort. Der Große Müllroser See mit Insel, Promenade, Strandbad, Bootsverleih, Campingplatz und Naturlehrpfad bietet viel Abwechslung.

Unermüdlich bewegen die Wasser der Schlaube noch immer das Mühlrad der ➠ **Bremsdorfer Mühle** ❷; doch gemahlen wird hier schon lange nicht mehr. Die alten Mühlen im Schlaube-, Oelse- und Dorchetal sind bemerkenswerte Zeugnisse der Kulturgeschichte. Viele der Mühlen wurden

Urwüchsig und abgeschieden: Das Tal der Schlaube, hier bei Bremsdorf, ist eine Schatzkammer für Pflanzen und Tiere.

bereits im Mittelalter errichtet. Wer damals kein Korn mahlen konnte, musste als Bauer auf den wenig ertragreichen, sandigen Böden ein hartes Leben fristen. Heute sind die Mühlen zum Teil denkmalgeschützt und gern besuchte Ausflugsziele im Naturpark.

Die freundliche Wirtsfamilie der Bremsdorfer Mühle hält für müde Wanderer immer eine gute Mahlzeit, Getränke und Kaffee mit selbst gebackenen Kuchen bereit. Besonders beliebt sind die Lachsforellen direkt aus der Räucherkammer nebenan. Man kann sie gleich in der gemütlichen Wirtsstube verzehren oder auch mit nach Hause nehmen.

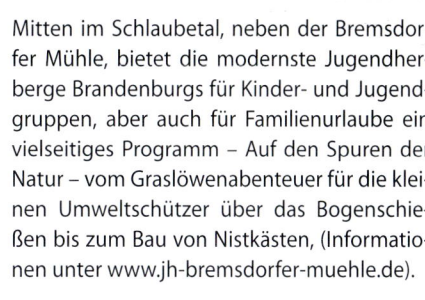

Das Rad der Bremsdorfer Mühle dreht sich unermüdlich bis heute.

Mitten im Schlaubetal, neben der Bremsdorfer Mühle, bietet die modernste Jugendherberge Brandenburgs für Kinder- und Jugendgruppen, aber auch für Familienurlaube ein vielseitiges Programm – Auf den Spuren der Natur – vom Graslöwenabenteuer für die kleinen Umweltschützer über das Bogenschießen bis zum Bau von Nistkästen, (Informationen unter www.jh-bremsdorfer-muehle.de).

Zauberhafte Welt der Schlaube Die Reicherskreuzer Heide und das wunderbar stille ➠ **Tal der Schlaube** ❸ bilden das Herz des Naturparks. Die zauberhafte Welt des Schlaubetals sollte zu Fuß oder mit dem Fahrrad entdeckt werden. Nur an wenigen Stellen kreuzen Straßen den Flusslauf. Der eindrucksvollste Talabschnitt zwischen Treppelsee und Wirchensee lässt sich am besten von der Bremsdorfer Mühle aus erwandern (Parkplätze an der B 246 Eisenhüttenstadt–Beeskow). Die Schlaube entspringt mehreren Quellen südlich des Wirchensees, durchfließt diesen See sowie den Großen Treppelsee, Hammersee, Langen See, Großen Müllroser See und

mündet schließlich bei Brieskow in die Oder. Auch einige unverbaute Seitenbäche strömen der Schlaube zu: Klautzkefließ, Kesselfließ, Boberschenk und weiter nördlich das Planfließ. Bis zu 30 m tiefe Senken verleihen dem Schlaubetal einen eigentümlich abgeschiedenen Charakter. Erlenbrüche, Buchen und Hainbuchen säumen den Oberlauf, im Naturschutzgebiet Teufelssee bei Schernsdorf wachsen natürliche Mischwälder mit Kiefern und Traubeneichen. Weiter nördlich wird die Schlaube zu einem Wiesenbach, der hier zahlreiche Moore speist. Nur wenig abseits des Flusslaufs liegt am Belenzsee ein einzigartiges Braunmoosmoor mit Binsen- und Seggenrieden.

Am Chossewitzer See liegt das Angerdorf **Chossewitz** ❹ mit seiner Fachwerkkirche aus dem 18. Jahrhundert. Von hier führt ein herrlicher Wanderweg entlang der Oelse zu weiteren Seen. Zwar dreht sich das Wasserrad der Klingemühle schon lange nicht mehr, doch der Natur ist man unmittelbar auf der Spur.

Die Schlaube entspringt in den Wirchenwiesen oberhalb des **Wirchensees** ❺. Am waldumkränzten Ufer des fischreichen, etwa 36 ha großen und stellenweise 16 m tiefen Gewässers entstand 1990 eine Naturschutzstation des Landesumweltamtes, die heute die Verwaltung des Naturparks Schlaubetal beherbergt. Eine Ausstellung und der 4 km lange Wanderlehrpfad am See vermitteln Wissenswertes über Natur und Landschaft, Pflanzen und Tiere. Naturparkverwaltung und Naturwacht bieten ein umfangreiches Programm mit Exkursionen, Seminaren, Vorträgen und Führungen an.

Kunst, Natur, Erholung und faszinierende Findlinge Die Geschichte der Region ist eng mit dem ➠ **Kloster Neuzelle** ❻ am östlichen Rand des Naturparks verbunden. Nicht weit von der Oder entfernt errichteten 1268 Zisterziensermönche auf einem Bergsporn ein Kloster; Stifter war Heinrich der Erlauchte, Markgraf von Meißen. Von hier besiedelten die Mönche den Landstrich. Mittelpunkt der vollständig erhaltenen Anlage ist die reich ausgestattete Klosterkirche. Die ursprünglich gotische Hallenkirche wurde im 17. und im 18. Jahrhundert zu einer Barockkirche umgebaut. Zum Kloster gehören zahlreiche weitere Gebäude, darunter die Klosterbrauerei sowie eine repräsentative Gartenanlage, ebenfalls aus der Zeit des Barock. Den Herrschaftlichen Lustgarten des Abts trennt eine hohe Mauer vom Konventgarten der einfachen Mönche, doch beide sind mit Terrassen, Treppen, einem Spiegelbassin sowie der Orangerie kunstvoll gestaltet und wurden 2004 nach aufwendiger Rekonstruktion wieder eröffnet. Südlich von Henzendorf (ca. 4 km Fußweg) liegen im Naturschutzgebiet **Göhlenze und Fichtengrund** **7** mehrere Klarwasserseen mit bemerkenswerter Wasserqualität. Hier hat die Niederlausitzer Tieflandfichte ihr nördlichstes Vorkommen. Fichten bevorzugen Feuchtigkeit und Kälte und sind von Natur aus nur in größeren Höhen anzutreffen. Hier scheinen sie sich jedoch wohlzufühlen und erreichen Stammdurchmesser bis zu 1 m.

Steine, gleich welcher Größe, muss man im Naturpark Schlaubetal nicht lange suchen. Der größte Findling, der **Kobbelner Stein** **8**, mit einem Umfang von fast 19 m, wiegt geschätzte 300 t. Er wurde durch die Eiszeitgletscher von der Ostseeinsel Bornholm an seinen heutigen Platz verfrachtet. Andere Findlinge wie der Teufelsstein am Weg von Kieselwitz nach Treppeln, die Riesensteine und der Nischenstein stehen ihm nicht viel nach.

KLOSTERBRAUEREI NEUZELLE

Ein Zisterzienserkloster ohne eigenes Brauhaus ist fast undenkbar. In Neuzelle gibt es die Brauerei aus dem 16. Jahrhundert auch heute noch, unmittelbar an der Zufahrt

zum Kloster Neuzelle **6** gelegen. Das nach handwerklicher Tradition gebraute Bier verkostet man am besten gleich vor Ort, entweder direkt im historischen Braugebäude oder in einer der gemütlichen Gaststätten im Umkreis des Klosters. Im Bild ein handgemaltes Wirtshausschild.

Im letzten Abendlicht erstrahlt das Backsteingemäuer der alten Brauerei des Klosters Neuzelle.

Findlinge aus dem nahen Braunkohletagebau wurden von Künstlerhänden in wahre Kunstwerke verwandelt.

Stumme Zeugen der Vergangenheit Besonders viele Findlinge wurden im Braunkohletagebau Nochten im Süden Brandenburgs zutage gefördert. Außergewöhnliche Exemplare sind im ⫸ **Findlingspark Henzendorf** ⑨ am Rand der Reicherskreuzer Heide zu besichtigen. Aus den bearbeiteten Steinen sprechen vergessene Kulturen – hethitische Kriegerstatuen, indianische Standbilder, Reliefdarstellungen mystischer Wesen wie Einhorn und Drachen, aber auch nackte Frauenkörper und geheimnisvolle keltische und germanische Schriftzüge sind zu entdecken. Von Henzendorf führt ein befahrbarer Feldweg zu dem etwa 1,5 km entfernten Findlingspark. Am Parkplatz erläutern Schautafeln die Bedeutung der Steine.

Die Fahrt auf den einsamen Straßen zum Dorf **Reicherskreuz** ⑩ im südlichen Teil des Naturparks Schlaubetal lohnt sich nicht allein wegen der blühenden Heide. Die meisten Häuser des abgelegenen Dorfes aus dem 15. Jahrhundert sind aus Feldsteinen errichtet worden. Die Äcker von den lästigen Steinen zu befreien war und ist für die Bauern eine Plage. Doch sie machten aus der Not eine Tugend und verwendeten die Feldsteine als billiges Baumaterial für den Bau ihrer Häuser. Viele der schönen Gemäuer wurden inzwischen wieder zum Leben erweckt und ansprechend restauriert.

Sie will erst einmal entdeckt werden, die ⫸ **Reicherskreuzer Heide** ⑪. Versteckt liegt sie im Dreieck der Dörfer Reicherskreuz, Hen-

JUGENDHERBERGE BREMSDORF

Mitten im Schlaubetal, gleich neben der Bremsdorfer Mühle ④, bietet die moderne Jugendherberge für Kinder und Jugendliche ein vielseitiges Programm an: Auf der Spur der Natur. Die Jugendherberge ist graslöwenzertifiziert und am Ende einer Klassenfahrt erhält jeder Teilnehmer am Lagerfeuer den Graslöwen-Clubausweis. www.jh-bremsdorfer-muehle.de

HOCHMOOR-PERLMUTTERFALTER *(Boloria aquilonaris)*

Das Wappentier des Parks ist stark gefährdet und steht auf der Roten Liste 2 in Deutschland. Der Schmetterling zeichnet sich durch helle Flecken auf den Flügelunterseiten aus, die perlmutterfarben schimmern. Die Flügelspannweite misst zwischen 3,5 und 4,5 cm. Die Falter sind auf blumenreiche Flächen wie Feucht- und Nasswiesen und extensiv genutztes Grünland im Umfeld der Hochmoore angewiesen. Ihre Nahrung finden sie unter anderem in Herbst-Löwenzahn, Rotklee, Arnika, Stiefmütterchen und Veilchen. Diese Art ist ein Relikt aus der Eiszeit. Im Schlaubetal können über 720 nachgewiesene Großschmetterlingsarten beobachtet werden.

Heide

zendorf und Pinnow. Die Sandflächen wurden jahrzehntelang als Schießplatz und Panzerübungsgelände genutzt. Auf der trockenen, nährstoffarmen Heide duftet im Mai der Ginster, und im Spätsommer und Herbst leuchtet intensiv das Heidekraut. Im Naturschutzgebiet leben Ziegenmelker, Wiedehopf, Brachpieper, Smaragdeidechse und andere seltene Tierarten.

Von Henzendorf führt ein 4 km langer Wanderweg am Findlingspark vorbei zu einem Aussichtsturm im Herzen der Heide, die von 400 Heidschnucken und durch Entbuschen offengehalten wird. Mit einer Größe von 30 km² umfasst sie mehr Fläche als die Lüneburger Heide. Ein Wanderlehrpfad weist auf die Heidelandschaften mit ihrer Tierwelt und deren Lebensbedingungen hin.

Die Reicherskreuzer Heide im Herbst, eines der schönsten und größten Heidegebiete in Deutschland

8 Naturpark Harz
Tiefe Täler, schwindelnde Höhen – im Harz ist manchmal der Teufel los

ANFAHRT
Auf der A 7 Hannover–Kassel bis zur Ausfahrt Rhüden (Harz), weiter auf der B 82 nach Goslar; Bahnverbindungen nach Goslar, Wernigerode, Quedlinburg u. a., Harzquerbahn von Wernigerode nach Nordhausen

LAGE
In den Bundesländern Niedersachsen und Sachsen-Anhalt, zwischen Norddeutscher Tiefebene und Goldener Aue

GRÖSSE
2460 km^2

HÖCHSTE ERHEBUNG
Brocken (1142 m)

GRÜNDUNG
1960 bzw. 1993

INFORMATION
Naturpark Harz
Hohe Straße 6
06484 Quedlinburg

TELEFON
03946/964 10

INTERNET
www.harzregion.de

Der Harz ist das nördlichste der deutschen Mittelgebirge. Das 95 km lange und 35 km breite Gebirgsmassiv steigt im Norden und im Westen steil aus dem flachen Harzvorland empor. Die Höhen sind dicht bewaldet, nur der Gipfel seines höchsten Berges, des sagenumwobenen Brocken, liegt über der Baumgrenze. Nach Süden und Osten fällt der Gebirgsstock flacher zur Goldenen Aue ab. Die Nord-West-Region wurde bereits 1960 zum Naturpark erklärt, ein Status, den die Süd-Ost-Region 1993 erhielt.

Rau und mild: Ober- und Unterharz Der niedersächsische Teil umfasst den rauen Oberharz mit viel Regen und Wind, der im Winter aber ausgezeichnete Wintersportmöglichkeiten bietet. Seit je prägt der Bergbau diese Gebirgslandschaft, auch wenn man den zahlreichen künstlichen Seen, Teichen und Wasserläufen ihre Entstehung längst nicht mehr ansieht. Der sachsen-anhaltinische Teil liegt im wesentlich milderen und trockeneren Ostharz, auch Unterharz genannt. An den Rändern erheben sich mittelalterliche Städte; Burgen, Kirchen und Klöster wachen über die Täler und erzählen von einer tausendjährigen Siedlungsgeschichte. In der für Mitteleuropa einzigartigen Karstlandschaft des Südharzes gibt es sagenhafte Höhlen, nahezu unberührte Naturlandschaften, tief eingeschnittene Täler mit wilden Flussläufen, ausgedehnte Wälder, kaum genutzte Hochflächen und wahrhaft teuflische Felsgebilde. Streuobstwiesen und Trockenrasenflächen begünstigen die Artenvielfalt. Zwischen den beiden Teilen des Naturparks erhebt sich die als Nationalpark ausgewiesene Region um den Brocken (ab Seite 46).

Silberner Glanz – die Kaiserstadt Goslar Die größte Stadt des Harzes, Goslar ❶, liegt am Nordwestrand des Gebirges im Tal der Gose. Ihre Gründung verdankt die alte Kaiserstadt den ungewöhnlich reichhaltigen Silberfunden am nahen Rammelsberg. Kaiser Heinrich II. verlegte nach der ersten Jahrtausendwende seine Pfalz hierher. Im 13. Jahrhundert wurde Goslar Mitglied der Hanse, doch im 16. Jahrhundert verlor es die Nutzungsrechte am Silberbergbau, und ein allmählicher Niedergang setzte ein. Geblieben sind zahlreiche bedeutende Bauwerke und verzierte

Die Morgensonne bringt den gewaltigen Felswall der Teufelsmauer eindrucksvoll zur Geltung.

Fachwerkhäuser. 1992 erhielt Goslar die Anerkennung als Weltkulturerbe. Im Mittelpunkt der schönen Altstadt stehen das gotische Rathaus, das Gildehaus mit seinen Kaiserfiguren und – etwas abseits – die Neuwerkkirche.

chene Förderung zurückblicken. Seine Silbervorkommen trugen im Mittelalter wesentlich zu Aufstieg und Macht Goslars bei. Die Silbergrube mit dem historischen Röderstollen und den gewaltigen Wasserrädern kann seit 1989 besichtigt werden. Das stillgelegte Bergwerk zählt ebenfalls mit zum UNESCO-Weltkulturerbe.

Das Pflaster des vielbesuchten Marktplatzes allerdings verglich der Dichter Heinrich Heine einst mit holprigen Versen.

Ein wenig außerhalb der alten Stadtmauer liegt die ➡ **Kaiserpfalz** ❷. Die Reiterstandbilder der Kaiser Barbarossa (12. Jahrhundert) und Wilhelm I. (19. Jahrhundert) haben vor dem prächtigen Gebäude Posten bezogen. Der heutige Bau ist eine Rekonstruktion aus dem 19. Jahrhundert. Am Hausberg Goslars, dem 635 m hohen **Rammelsberg** ❸, wurde schon im 3. Jahrhundert n. Chr. Erz abgebaut. Das Bergwerk zählt zu den ältesten der Welt und kann auf über tausend Jahre ununterbro-

Beten und Arbeiten, Bergwerke und Wasserkraft Südlich von Goslar öffnet sich das **Okertal** ❹. Zwischen felsigen Wänden sprudelt der Fluss durch ein reizvolles Tal bis zur Okertalsperre, bei deren Flutung im Jahr 1956 das Dorf Schulenberg versank. Der Stausee erfreut sich bei Seglern und Surfern großer Beliebtheit, Kanuten hingegen stechen ihre Paddel lieber in die wildschäumenden Wasser der Oker.

OBERHARZER WASSERREGAL

Das technische Wunderwerk, das als Kulturdenkmal in großen Teilen funktionsfähig gehalten wird und geschützt ist, umfasst über 120 Teiche, 500 km Wassergräben und 30 km unterirdische Wasserläufe. Auf Teile dieser gewaltigen Anlage stößt man immer wieder bei Wanderungen durch den Oberharz, vor allem

im Gebiet der alten Bergbaustädte Clausthal-Zellerfeld, Hahnenklee ❻ und Sankt Andreasberg. Der Bergbau hat im Harz eine sehr lange Geschichte. Bereits in der Frühzeit der Erde entstanden infolge gewaltiger tektonischer Bewegungen im Bergstock klaffende Spalten. Der beginnende Bergbau folgte diesen oft nur wenige Meter mächtigen Erzgängen. Später baute man Schächte, um an das Erz zu gelangen. Als Energie für die Förderung verwendete man seit dem frühen 16. Jahrhundert Wasserkraft. Mittels großer Wasserräder wurden Erz oder Abraum ans Tageslicht gebracht. Eines dieser Wasserräder ist im Waldkurpark Clausthal-Zellerfeld (Bild) zu sehen.

Vom Parkplatz Romkerhalle an der B 498 führen mehrere schöne Wanderwege und ein geologischer Lehrpfad zu den Felsen über dem Tal. Die bekannteste Felsformation gruppiert sich um die ➠ **Kästeklippe** ❺. Neben dem künstlich angelegten 60 m hohen Romkerhaller-Wasserfall führt der Weg recht steil bergan. Von der Feigenbaumklippe fällt der Blick westwärts ins Okertal, ostwärts auf das Nationalparkgebiet Harz. Wenige Schritte weiter trifft man auf die Mausefalle, einen Felsbrocken, der nur durch eine dünne Steinplatte vor dem Absturz bewahrt wird. An der Hexenküche kann man die Geologie der Harzer Klippen bestens studieren: Wind und Wetter legen den zerklüfteten Okergranit frei und runden seine Kanten. Wird der anfallende Verwitterungsgrus weggespült, entstehen bizarre Klippen aus scheinbar lose aufeinandergetürmten Felsblöcken.

Den spektakulärsten Ausblick genießt man von der Kästeklippe, an der die gemütliche Berghütte Kästehaus zu einer Verschnaufpause einlädt. Von April bis Oktober kann man die Kästeklippe bequem mit dem Bus von Bad Harzburg aus erreichen. Mittwochs verkehren auch Pferdekutschen.

Der zusammengewachsene Ort **Hahnenklee-Bockswiese** ❻ ist ein beliebter Wintersportort. Sein Wahrzeichen, eine Stabkirche nach dem norwegischen Vorbild in Borgund, hat das heilklimatische Kurbad über die Grenzen des Harzes hinaus bekannt gemacht. Eine Holzkirche schien den Gläubigen in Hahnenklee am besten zur Oberharzer Landschaft zu passen. Stilelemente wie die Drachenköpfe an den Giebeln oder die Mitgardschlangen am Dachfirst verweisen auf Wikingerschiffe. Vermutlich leitet sich auch die Bezeichnung

Von dem Aussichtspunkt auf der gerne besuchten Feigenbaumklippe kann der Lauf der Oker gut verfolgt werden.

Kirchenschiff davon ab. Nach nur zehn Monaten Bauzeit wurde die Kirche am 28. Juni 1908 eingeweiht.

Die **Wildvogelstation** ❼ bei Osterode ermöglicht es Besuchern, heimische Vögel einmal ganz aus der Nähe zu betrachten. Der kleine, liebevoll betreute Tierpark befindet sich in einem Wald an der B 492 von Osterode zum Sösestausee. Attraktion des Geheges ist ein zahmer Waldkauz, der dem Besitzer auf die Hand fliegt.

Das **Kloster Walkenried** ❽ besteht im Wesentlichen aus wenigen, allerdings überaus eindrucksvollen Ruinen. Den Grundriss der gotischen Klosterkirche kann man nur noch anhand der Steinplatten, die sich ins Gras schmiegen, nachvollziehen. Erhalten geblieben sind hingegen der Kreuzgang und das Dormitorium. In dem wiederaufgebauten Schlafsaal der Mönche befindet sich ein Museum zur Geschichte der 1120 als dritte Zisterzienserabtei in Deutschland gegründeten

Die Stabkirche in Hahnenklee-Bockswiese, eine Attraktion in Mitteleuropa, wurde nach norwegischem Vorbild erbaut.

MOOSBEERE *(Oxycoccus palustris)*

Unter den Zwergsträuchern, die im Harz vorkommen, ist keine Art so unscheinbar wie die Moosbeere. Ihre dünnen, kriechenden Stängel erreichen eine Länge von 80 cm. Die wintergrünen Laubblätter sind ledrig derb und eiförmig mit glattem Blattrand, auf der Oberseite dunkelgrün, die Unterseite bläulich bereift. Die Blüten (Bild) erscheinen zwischen Juni und August, nur der geschulte Blick findet sie auf Anhieb. Die 1 cm großen, gelb bis rot gesprenkelten Beeren jedoch entdeckt der Wanderer leicht. Die Blätter der Moosbeere sind so hart und unappetitlich, dass sie von den meisten Pflanzenfressern verschmäht werden und der Pflanze daher mehrere Jahre erhalten bleiben. Die wachsige Blattunterseite und die eingerollten Ränder der herzförmigen Blätter schützen gegen Wasserverluste im Winter. Die Moosbeere ist potenziell gefährdet; ihre Früchte sollten nicht gepflückt werden.

Der winterliche Harz in der Umgebung des Wurmbergs mit seiner markanten Sprungschanze zieht Sportbegeisterte an.

Klosteranlage. Der erste Bau wurde im romanischen Stil errichtet, aber nur 80 Jahre nach der Gründung waren die Mönche in der Lage, den bereits fertigen Bau durch einen – noch größeren – gotischen Neubau zu ersetzen. Während der Bauernkriege des 16. Jahrhunderts erlitt die Abtei schwere Schäden. 800 Bauern besetzten und plünderten das Kloster, der Dachreiter wurde abgerissen und dadurch der Verfall der Klosterkirche eingeleitet. Im 17. und 18. Jahrhundert wurde sie gar als Steinbruch genutzt.

Einzigartig ist der doppelte, gotische Kreuzgang, der für Konzerte und andere Veranstaltungen genutzt wird. Klosterführungen im Kerzenschein mit einem anschließenden Harzer Kniesteressen, spannend und einmalig, können telefonisch (05525/20 98 79) bestellt werden.

Das Naturschutzgebiet **Dicke Tannen** **9** erstreckt sich über die steilen Hänge des Wolfbachtals südlich von Hohegeiß. Vom Waldhotel Dicke Tannen führt ein ausgeschilderter Weg ins Naturschutzgebiet, das seinen Namen wahrlich zu Recht trägt. Bis zu 4,7 m Stammumfang weisen die etwa 50 m hohen Bäume auf. Hinzu gesellen sich Eschen, Bergahorn und Buchen. So also sieht ein natürlicher Fichtenwald aus! Bei den etwa 60 unter Naturschutz stehenden Bäumen handelt es sich um Rottannen (Picea abis), landläufig Fichten genannt. Dass die Baumriesen ein Alter von über 300 Jahren erreichen konnten,

RATHAUS IN WERNIGERODE

Wer in der Region Heiratspläne hegt, denkt gerne an Wernigerode **11**: Dessen Rathaus gilt als höchst beliebte Kulisse für das Brautfoto. Seine berühmte Silhouette wird von zwei vorgesetzten Erkern gebildet, die sich zu spitzen Türmchen verjüngen. Erbaut als Spelhus (Spielhaus), wird es 1277 erstmals erwähnt. Bis zum Ausgang des Mittelalters nutzte man den Bau als herrschaftliches Gemeindehaus. In der ersten Hälfte des 15. Jahrhunderts folgte der Abriss. Ein zweistöckiges Gebäude aus Bruchsteinmauerwerk wurde auf dem verbliebenen Kreuzgratgewölbe errichtet. Zwischen 1494 und 1498 erhielt dieses unter der Leitung von Andreas Sprengel ein Fachwerkgeschoss. Das Rathaus ist mit 33 fein gearbeiteten Holzfiguren (Bild) verziert. Den Augen der Jungfrauen, Jünglinge und Heiligen entgeht nichts, was auf dem Markt passiert.

Das Rathaus in Quedlinburg – von Wildem Wein umrankt und von Besuchern aus aller Welt bewundert

verdanken sie der Wildheit und Unzugänglichkeit des Wolfbachtales.

Der **Wurmberg** ⑩, südlich des Brockens gelegen, ist mit seinen 971 m der zweithöchste Berg des Harzes und der höchste Berg in Niedersachsen. Gekrönt wird er von der weithin sichtbaren Wurmbergschanze, einem Austragungsort internationaler Skisprung-Wettbewerbe. Mit der 2,8 km langen Luftseilbahn gelangt man bequem zum Gipfel. Von der Mittelstation kann man flott auf der bereits 1908 eröffneten, 150 m langen Rodelbahn zurück zur Talstation rutschen. Die Wurmbergseilbahn ist in Braunlage zentral gelegen und auch ohne Fahrzeug gut erreichbar.

Bunte Stadt, schwindelnde Höhen, märchenhafte Höhlen Der Heimatdichter Hermann Löns nannte ➠ **Wernigerode** ⑪ einst die Bunte Stadt am Harz – ein Urteil, das mit Blick auf die farbenfrohen Häuser in den verwinkelten Straßen einleuchtet. Sie scharen sich um das berühmte Rathaus (Seite 40). In den angenehmen Cafés am Marktplatz ist gut verweilen. Hier beginnt die Breite Straße mit den bedeutendsten Fachwerkhäusern der Stadt, z. B. dem 1538 erbauten Café Wien oder dem Krummelschen Haus von 1674, dessen Holzschnitzereien an der Fassade alle Erdteile und Urelemente sinnbildlich darstellt.

Wie eine Krone thront das Wernigeroder Schloss über der Altstadt. 1120 als kaiserliche Burg errichtet, wurde es 1862–83 im neugoti-

schen Stil wieder aufgebaut und bietet nicht nur wundervolle Ausblicke auf den Harz, sondern auch Einblicke in die Wohnkultur des Hochadels im 19. Jahrhundert. Der Bauherr Graf Otto zu Stolberg-Wernigerode war der Vizekanzler Bismarcks.

Mit der Harzquerbahn gelangt der Wanderer von Wernigerode zur nahen **Steinernen Renne** ⑫, einem tief ausgewaschenen, steil abfallenden Bachtal. Der Weg führt an tosenden Wasserfällen vorbei zur Rennklippe oder dem 548 m hohen Ottofels. Das Waldgasthaus/Hotel Steinerne Renne ist ganzjährig, täglich von 10–18 Uhr geöffnet.

Eine der meist besuchten Schönheiten des Harzes: die Steinerne Renne mit wilden Wasserfällen, einem Haltepunkt der Harzquerbahn und dem Gasthaus

DIE TEUFELSMAUER

Schon 1833 wurde die Teufelsmauer (Bild) **15** bei Weddersleben als ein Gegenstand der Volkssage und eine als seltene Naturmerkwürdigkeit berühmte Felsgruppe unter Schutz gestellt. 1935 wies man sie als Naturschutzgebiet aus. Geologisch gesehen schiebt sich, im Zeitrafferverfahren erzählt, das Gebirgsgestein des Harzes über das flache

Harzvorland, nimmt ältere Gesteinsschichten mit und türmt sie zu der bizarren Teufelsmauer auf. Fachleute sprechen von der Harz-Nordrandstörung, die an einigen Stellen zwischen Blankenburg und Ballenstedt besonders auffällig in Erscheinung tritt. Die Hebung des Harzes begann bereits vor vielen Millionen Jahren im Jura, die heutige Formation hat sich zum Ende der Dinosaurierzeit in der Kreide gebildet. Die zerklüftete Felswand bietet seltenen Pflanzen wie der Nordischen Krustenflechte, dem Fransenenzian und der Mondraute günstige Lebensbedingungen; auch Tiere wie Kreuzkröte, Turmfalke, Mausohr-Fledermaus und Glattnatter finden hier Rückzugsmöglichkeiten.

Eine ganz ungewöhnliche Struktur weisen die **Schnarcherklippen** **13** bei Schierke auf. Wenn der Südostwind durch die Spalten im Gestein fährt, kann man ein Schnauben vernehmen – die Klippen scheinen zu schnarchen. Die beiden 26 m hohen Granittürme sind ein gutes Beispiel für die harztypische Wollsackverwitterung: Felsen verwittern zu aufeinandergestapelten, gerundeten Blöcken mit tiefen Spalten – eine beliebte Herausforderung für Kletterkünstler.

Die Baumannshöhle in **Rübeland** **14**, 1536 vom Steiger Baumann auf der Suche nach Erz entdeckt, zählt zu den schönsten Tropfsteinhöhlen Deutschlands. In der Schauhöhle kann man nicht nur märchenhafte Tropfsteingebilde bewundern, sondern auch den 64 m langen und 55 m breiten Goethesaal, in dessen Mitte sich ein funkelnder See befindet. Dank ihrer unglaublichen Akustik wird die Höhle gern für Konzerte genutzt. Doch die Baumannshöhle blieb nicht die einzige Entdeckung im Rübeland: 1866 stieß man bei Straßenbauarbeiten auf die noch größere Hermannshöhle. Hier faszinieren die Kristallkammer und der Olmensee mit seinen Bewohnern, den Grottenolmen. Die sprichwörtlich gewordene Lurchart stammt aus den kroatischen Karsthöhlen und wurde vor Jahrzehnten in der Rübeländer Höhle ausgesetzt.

Teufel und Kaiser Das neben dem Brocken sicherlich beeindruckendste erdgeschichtliche Monument des Harzes sind die Felsen der ⟾ **Teufelsmauer** **15** zwischen Thale und Weddersleben. Von einem Parkplatz bei Neinstedt führt ein Rundweg zu den schönsten Partien der Teufelsmauer: Königsstein, Mittelstein und Papenstein.

Von der Teufelsmauer ist ⟾ **Quedlinburg** **16** mit seinem auf felsiger Höhe gelegenen Schloss und den spitzen Türmen der Stiftskirche zu erkennen. Die Fachwerkstadt zählt zu den beliebtesten Reisezielen Deutschlands, sie wurde als Weltkulturerbestätte ausgezeichnet. Ein Spaziergang durch die Gässchen der historischen Altstadt, vorbei an restaurierten Fachwerkhäusern, alten Kirchmauern und über den erstaunlich großzügigen Markt mit dem beeindruckenden Renaissance-Rathaus und der Klosterkirche St. Wiperti ist ein wahres Vergnügen. Beim Schloss befinden sich das Geburtshaus des Odendichters Friedrich Gottlieb Klopstock sowie eine Galerie mit Grafiken des Bauhauslehrers Lyonel Feininger. Der wahre Schatz Quedlinburgs jedoch ruht in der Stiftskirche hoch auf dem Schlossberg: mehrere Reliquienschreine, zwei kostbar ausgestattete Evangeliare, ein Codex aus der Zeit Karls des Großen. Der Schatz war am Ende des Zweiten Weltkriegs als Beutekunst in den USA

HEXENTANZPLATZ

In der Walpurgisnacht vom 30. April zum 1. Mai reiten Hexen auf Besen, Mistgabeln, Schweinen, Böcken oder Kälbern zum Hexensabbat auf den Hexentanzplatz ⑰, so erzählt es die Sage. Vor dem Luftritt streichen die Hexen ihr Fluggerät und sich selbst mit Hexensalbe aus den Rauschgiften von Nachtschatten, Tollkirsche, Schierling und anderen narkotisierenden Pflanzenstoffen ein. Dann wird so heiß getanzt, dass der Schnee schmilzt. Der Teufel persönlich begrüßt seine Gäste, hält ihnen seinen Pferdefuß zum untertänigsten Kuss entgegen. Mit der schönsten Hexe hält er Hochzeit. Erst im Morgengrauen reitet die wüste Bande heimwärts. Auf dem Hexentanzplatz erinnern die skurrilen Skulpturen des Quedlinburger Künstlers Jochen Müller an die Walpurgisnacht.

verschwunden und fand erst 1993 an seinen Ursprungsort zurück. Heinrich I., der erste deutsche König, stiftete 922 an dieser Stelle eine Pfalzkapelle. Damit begann der Aufstieg der kleinen Stadt, die ihre frühmittelalterliche Würde durch die Jahrhunderte hindurch bewahren konnte. Alljährlich zu Pfingsten gedenkt man mit dem Kaiserfrühling der Quedlinburger Geschichte: Eine Reichstagsszene, der Einzug der Fürsten und eine kaiserliche Tafel werden nachgespielt.

Wo die Hexen noch immer tanzen Oberhalb von Thale liegen sich die Rosstrappe und der ⫸ **Hexentanzplatz** ⑰ gegenüber, durch das fast senkrecht eingeschnittene Tal der Bode getrennt. Das hört sich nach alten Sagen und faustischen Nächten an, und so ist es auch. Doch bedarf es nicht eines kühnen Rittes auf dem Besenstiel, um einen Blick in das **Bodetal** ⑱ zu werfen. Beide Aussichtspunkte sind bequem mit der Seilbahn oder auf gepflegten, wenn auch steilen Wanderwegen von Thale aus zu erreichen. Auf der Rosstrappe ist im Felsen der Hufabdruck eines sagenhaften Pferdes zu bewundern. Der Ritter Bodo konnte sich seinen Verfolgern nur durch den Riesensprung seines Pferdes über das Tal entziehen, so die Sage. Fröhlicheres ist über den Hexentanzplatz zu berichten: In der

Moderne Besenstiele: Aus dem schattigen Talgrund der Bode fliegen Besucher per Gondel hinauf zum Hexentanzplatz.

FEUERSALAMANDER *(Salamandra salamandra)*

Die glatte, tiefschwarze Haut des Feuersalamanders wird auf dem Rücken durch eine gelbe, gelegentlich auch orangefarbene bis rote Zeichnung aus Punkten und/oder Linien unterbrochen. An der Variabilität dieses Musters kann man die Tiere individuell unterscheiden. Ausgewachsene mitteleuropäische Feuersalamander erreichen eine Körperlänge von 23 cm und ein Gewicht von etwa 40 g, das allerdings beträchtlich schwanken kann, weil Feuersalamander zuweilen übermäßig viele und große Beutetiere fressen. Im Frühjahr tragen die ausgewachsenen Weibchen viele Jungen aus und legen stark an Masse zu. Feuersalamander haben einen guten visuellen Orientierungssinn: Ihre Quartiere und Laichplätze suchen sie ganz gezielt auf. Sie sind standorttreu und führen ein verborgenes Dasein in Höhlen, Totholz, unter flachen Steinen, zwischen Felsspalten, unter Baumwurzeln oder im Lückensystem des Bodens, z. B. in den Gängen von Kleinsäugern. Von Oberflächengewässern sind sie weitgehend unabhängig. Ihr Lebensraum im Harz reicht in Höhen bis zu 650 m.

Nacht zum 1. Mai wird die Walpurgisnacht nach alter Tradition zelebriert, ein Spektakel der ganz großen Art. An den übrigen Tagen ist der Auftrieb kaum geringer: Die schöne Aussicht, zahlreiche Gaststätten und Verkaufsbuden, der Tierpark und eine Sommerrodelbahn locken Besucher aus nah und fern. Der Abstieg ins tiefe Tal bringt wieder Stille, nur unterbrochen von Vogelgezwitscher und dem Rauschen der Bode im Bodekessel.

Will man den Spuren der Hexen folgen, so führt der Hexenstieg, ein etwa 100 km langer markierter Wanderweg, quer durch den Harz. Er beginnt in Thale und begleitet den Lauf der Bode bis Königshütte; über Drei Annen Hohne und Schierke geht es hinauf zum Brocken. Der Abstieg erfolgt über den Goetheweg nach Torfhaus, weiter verläuft der Hexenstieg über Altenau und Buntenbock bis zum Endpunkt Osterode. Eine kleine Hexe auf ihrem Besen fliegt als Wegzeichen voran.

Die Grenze zwischen dem Herzogtum Anhalt und dem Königreich Preußen markieren die **Saalsteine** ⑲. Der Preußische Saalstein befindet sich auf der linken Seite des Kalten Tales zwischen Friedrichsbrunn und Bad Suderode. Er ist eine imposante Klippe aus Granit mit Blockschutthalde, ebenso wie der gegenüberliegende Anhaltinische Saalstein.

Friedrichsbrunn ist Ausgangs- und Endpunkt

Stolberg mit seinen schmalen Gassen und dem Schloss ist zu allen Jahreszeiten ein beliebtes Reiseziel im Südharz.

für eine Rundwanderung entlang des 8,5 km langen Köhlerhüttenwegs (Kennzeichen Köhlerhütte), vorbei an Zeugnissen des Köhlerhandwerks, der Forstwirtschaft und des Altbergbaus mit Pingen und Schachtlöchern.

Geliebter Südharz Kenner schätzen das naturnahe **Selketal** ⑳ als eines der schönsten und ruhigsten Täler im Harz. Bereits um 1820 wurde der Kur- und Badeort **Alexisbad** ㉑ gegründet, von keinem Geringeren als dem großen preußischen Architekten Karl Friedrich Schinkel konzipiert. Das Selketal ist reich an Wiesengründen, zwischen **Mägdesprung** ㉒ und Alexisbad engt es sich ein. Auch hier wurde in zahlreichen Bergwerken Erz gefördert und in Hammerschmieden am Fluss verarbeitet. Von Mägdesprung führt eine Stichstraße zum Gasthaus Selkemühle, ein idealer Ausgangspunkt für eine Wanderung durch das Selketal zur 7 km entfernten stattlichen **Burg Falkenstein** ㉓. Die Burg, hoch auf einem Bergsporn gelegen, wurde nie erstürmt. Die dreiflügelige Anlage mit sieben Toren, Zwinger und drei Halsgräben entstand zwischen 1115 und 1120 und zählt zu den wehrhaftesten Burgen des Harzes. Auf ihr lebte zeitweise Eike von Repgow, der das mündlich überlieferte Gewohnheitsrecht seiner Zeit im berühmten Sachsenspiegel zusammenge-

fasst und auf Papier gebracht hat. Die mittelalterliche Stadt **Stolberg** ㉔ schmiegt sich in vier enge Täler des Südharzes. Schmale Straßen, ein mächtiges Schloss, alte Fachwerkhäuser und die Erinnerung an den Reformator Thomas Müntzer, der hier 1489 geboren wurde, locken Gäste. Das Schloss war ursprünglich eine mittelalterliche Burg, wurde aber in der Zeit der Renaissance zur Residenz umgebaut.

Auf dem Markt von Stolberg steht das Denkmal des größten Sohnes der Stadt: Thomas Müntzer war nicht nur Prediger; als Anführer der aufständischen Bauern versuchte er, seine Reden in die Tat umzusetzen. Auch Martin Luther predigte 1525 in der Martinikirche, ausgerechnet in der Geburtsstadt seines ärgsten Kontrahenten. Neben der Kirche steht das Rathaus von Stolberg, das 1452 errichtet wurde; die höheren Stockwerke dieses kuriosen Bauwerks sind nur über Außentreppen zu erreichen.

5 km östlich der Stadt liegt der Große Auerberg, von dem 38 m hohen **Josephskreuz** ㉕ gekrönt, das 1896 nach einem Entwurf von Karl Friedrich Schinkel gefertigt wurde. Im Juni 1880 wurde das hölzerne Bauwerk durch einen Blitzeinschlag bei einem Gewitter zerstört, ab 1989 saniert und am 28. August 1990 wiedereröffnet.

9 Nationalpark Harz
Das nördlichste Mittelgebirge mit über tausendjähriger Geschichte

ANFAHRT
Auf der A 395 Braunschweig–Bad Harzburg bis nach Bad Harzburg, dann auf der B 4 bis Torfhaus, von dort Aufstieg zum Brocken; Bahnverbindungen nach Wernigerode, von dort mit Harzquerbahn und Brockenbahn zum Brocken

LAGE
Der Nationalpark Harz liegt in den Bundesländern Niedersachsen und Sachsen-Anhalt zwischen Bad Harzburg im Norden und Herzberg im Süden

GRÖSSE
247 km²

HÖCHSTE ERHEBUNG
Brocken (1142 m)

GRÜNDUNG
1990 und 1994, vereinigt 2006

INFORMATION
Nationalpark Harz
Lindenallee 35
38855 Wernigerode

TELEFON
03943/550 20

INFOHÄUSER
Brockenhaus
Besucherzentrum Torfhaus
Nationalparkhaus Sankt Andreasberg
Nationalparkhaus Schierke
Nationalparkhaus Ilsetal in Ilsenburg
Nationalparkhaus Drei Annen Hohne
Ranger-Station Scharfenstein

INTERNET
www.nationalpark-harz.de

So sanftmütig sieht er nicht allzu oft aus – der Brocken mit seinem sehr rauen und fast schon alpinen Klima.

Das nördlichste Mittelgebirge in Deutschland, der Harz, unterscheidet sich spürbar von anderen Mittelgebirgen. Das Klima kann rau, fast nordisch genannt werden. Der Brocken ist für seine hohen Windgeschwindigkeiten bekannt, es regnet viel, und Nebel umhüllen die Bergspitze. Dennoch zählt der Nationalpark Harz, der 2006 durch die Zusammenlegung der Nationalparks Harz und Hochharz entstand, zu den beliebtesten und meistbesuchten Parks in Deutschland. Wenn die Sonne scheint, und das geschieht öfter als man denkt, offenbart sich zu allen Jahreszeiten eine wunderbare Landschaft, die zwei der bedeutendsten Dichter Deutschlands – Johann Wolfgang von Goethe und Heinrich Heine – zu enthusiastischen Reisebeschreibungen veranlasst hat. Der Harz zeigt sich ausgesprochen vielgestaltig: Steile Bergzüge, Hochebenen, schmale Täler und Hochmoore geben der Landschaft ihren außergewöhnlichen Charakter. Die Vegetation wechselt mehrfach auf engem Raum. Je nach Höhenlage durchwandert der Besucher große Buchenwälder oder naturnahe Bergfichtenwälder. Die Klippen genannten Felsen gelten als die Edelsteine des Harzes. Die eigentümlichen Granitgebilde setzen Akzente und verweisen auf einen früheren Harzvulkanismus. Die schönsten der bizarren Felsen findet man im Gebiet von Schierke und Drei Annen Hohne.

Hier stößt der Wald an seine Grenze Der markante Höhepunkt des Nationalparks und die einzige Erhebung im deutschen Mittelgebirgsraum mit einer natürlichen Waldgrenze ist der ⟱➡ **Brocken** ❶. Auf einer Höhe von 1142 m herrschen sibirische oder isländische Wetterbedingungen. Eine Jahresdurchschnittstemperatur von 2,9 °C und über 1600 mm Niederschlag sowie die ständigen starken Winde (1984 wurden 264 km/h gemessen) verhindern das Entstehen eines geschlossenen Waldes auf dem Plateau. Lediglich eine subalpine Zwergstrauchheide, Heidel- und Preiselbeeren sowie die Brockenanemone und das Habichtskraut haben Überlebenschancen. Das Vorkommen dieser sehr lichtbedürftigen Arten ist auch

Das Wappentier des Nationalparks gehört zur Familie der Fasanenartigen (Phasianidae) und zur Ordnung der Hühnervögel (Galliformes). Das Auerhuhn gilt als sehr scheu und stellt große Anforderungen an seine Umgebung. In Europa ist er nur noch selten und ausschließlich in alten, unberührten Bergwaldregionen anzutreffen.

Die für die Höhenlage typischen natürlichen Fichtenwälder und die in den tieferen Lagen anzutreffenden Buchenwälder werden im Übergangsbereich zu natürlichen Bergmischwäldern. Wo diese nicht durch reine Fichtenanpflanzungen ersetzt wurden, findet das Auerhuhn seinen Lebensraum. Die farbenprächtig gefiederten Hähne erreichen Spannweiten von 90 cm und wiegen bis zu 5 kg. Inzwischen ist die vom Aussterben bedrohte Art wieder Brutvogel im Harz. Bereits seit den 1970er-Jahren wird der Bestand im Nationalpark durch das Gehege in dem abseits gelegenen Walddorf Lonau gefördert.

ein Indiz für die Waldfreiheit des Brockenplateaus in den letzten 10 000 Jahren seit der Eiszeit. Doch kurz unterhalb des Gipfels nehmen widerstandsfähige Fichten den Kampf mit den Elementen auf. Der Bergfichtenwald des Brockens ist einzigartig. Die bis weit über 300 Jahre alten Baumgestalten sind nur wenige Meter hoch und von Wind und Wetter gezeichnet.

Trotz der 200 Nebeltage im Jahr ist die Besteigung des Brockens auf den Spuren von Johann Wolfgang von Goethe oder Heinrich Heine der Höhepunkt einer Harzreise. Schneller und bequemer geht es mit der ➠ **Brockenbahn** ❷, die auf einer Länge von 19 km von Drei Annen Hohne über Schierke bis zum Brockengipfel dampfend und fauchend 588 Höhenmeter überwindet. Seit 1991 rollen wieder

Dampflokomotiven im Ausflugsverkehr zum Gipfel. Nicht zuletzt die weite Sicht nach allen Himmelsrichtungen lockt die Besucher:

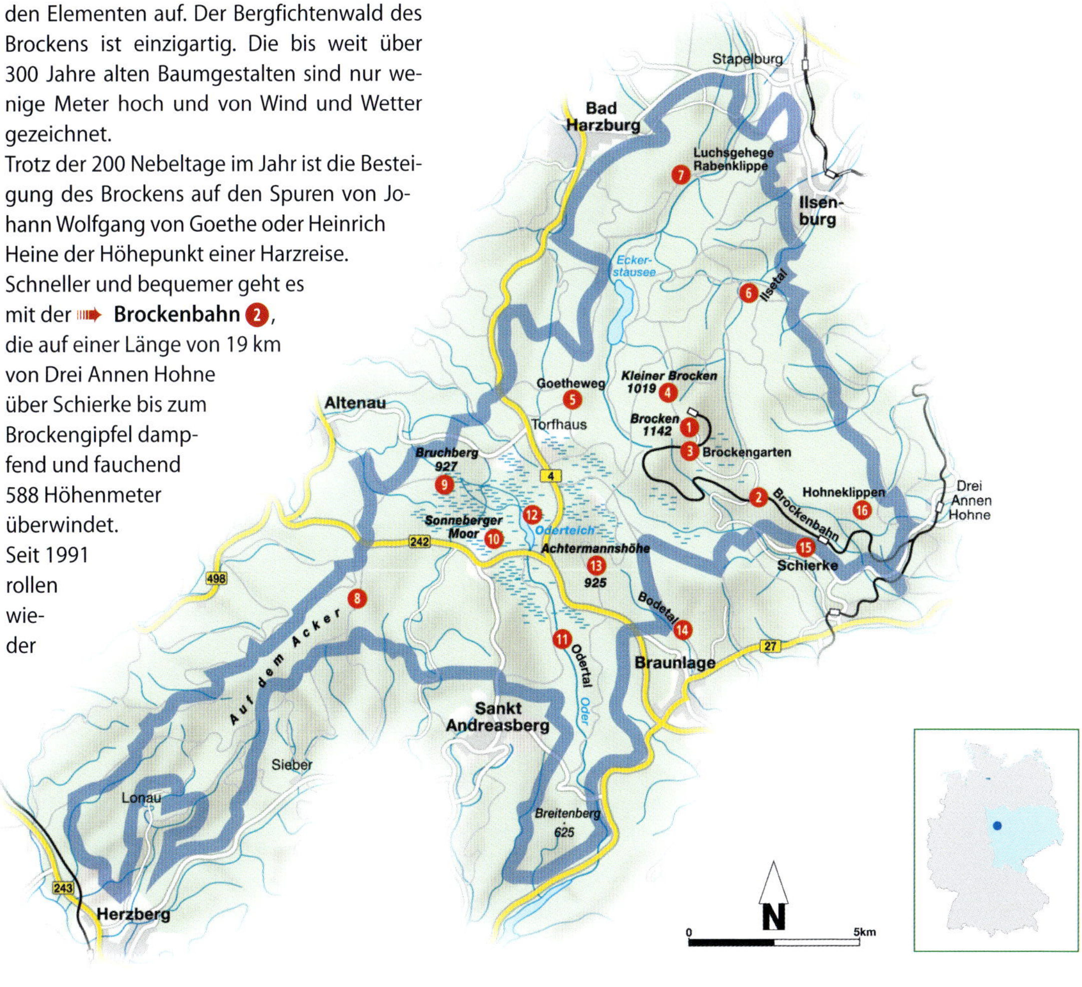

Über den Goethe-Wanderweg zum Brocken – interessant und spannend sind hier Wandertage für Schulklassen.

An guten Tagen kann man in der Ferne die Städte Magdeburg und Halle oder die Gipfel des Großen Inselsbergs im Thüringer Wald und des Kahlen Asten im Sauerland erkennen. Bereits 1736 entstand auf dem Gipfel eine Zuflucht für müde Wanderer – mit dem schönen Namen Wolkenhäuschen. Es folgten um 1800 das erste Wirtshaus, 1895 die erste Wetterstation Deutschlands und 1938 der erste Fernsehturm. Während des Kalten Krieges kamen zahlreiche militärische Anlagen hinzu. Mit der Gründung des Nationalparks Hochharz wurde die bebaute Fläche reduziert und das Nationalpark-Brockenhaus eingerichtet, das 365 Tage im Jahr von 9.30–17 Uhr geöffnet hat. Der bereits 1890 angelegte ⇒ **Brockengarten** ❸ beherbergt über 1600 Pflanzen aus vielen Hochgebirgsregionen der Welt. Der botanische Garten ist während der Saison der Öffentlichkeit zugänglich, dient aber vor allem Forschungszwecken. Die Namen der nahen Granitklippen, Teufelskanzel und Hexenaltar, erinnern an die sagenumwobene Walpurgisnacht, der Goethe in seinem Faust ein literarisches Denkmal gesetzt hat. Wer genauer hinschaut, entdeckt auf dem Granit bunte Flechten, Landkartenflechten genannt, die trotz des für sie günstigen Klimas nur sehr langsam wachsen und ausgesprochen empfindlich sind.

Der Hirtenstieg führt vom Großen Brocken zu dem 1019 m hohen **Kleinen Brocken** ❹ – eine kurze Reise durch alle Vegetationsstufen von der Zwergstrauchheide über verkrüppelte Gipfelfichten bis hin zum natürlichen Bergfichtenwald. Auch Hochgebirgsraritäten wie den Alpenflachbärlapp, die Alpenspitzmaus oder die Ringdrossel entdeckt der aufmerksame Beobachter.

Goethe oder Heine – Wege zum Brocken

Der klassische Aufstieg auf den Brocken folgt den Spuren Goethes und trägt auch seinen Namen: **Goetheweg** ❺. Vom Parkplatz Torfhaus an der B 4 zwischen Braunlage und Bad Harzburg bis zum Gipfel müssen 350 Höhenmeter überwunden werden. Goethes jüngerer Kollege Heinrich Heine wählte einen anderen Weg: »Es ist unbeschreibbar, mit welcher Fröhlichkeit, Naivität und Anmut die Ilse sich hinunterstürzt über die abenteuerlich gebildeten Felsstücke, die sich in ihrem Lauf finden, sodass das Wasser hier wild empor zischt und schäumend überläuft ... Ja, die Sage ist wahr, die Ilse ist eine Prinzessin, die lachend und blühend den Berg hinabläuft.« Schöner kann man es nicht sagen; und als ob sich diese Worte ins kollektive Gedächtnis eingegraben hätten, wandern viele Naturfreunde von Ilsenburg durch das schöne ⇒ **Ilsetal** ❻ zum Brocken hinauf.

Die Ilse zählt aufgrund ihres starken Gefälles zu den typischen Harzer Gebirgsbächen. Ihr Wasser strömt reichlich, doch der Abfluss unterliegt starken Schwankungen. Die Hälfte der jährlichen Wassermenge fließt an nur

HARZER SCHMALSPURBAHNEN

Die Streckenlänge der eigentlichen Brockenbahn ❷ beträgt nur 19 km. 1898 erfolgte die feierliche Grundsteinlegung am Brockenbahnhof, dem mit 1125 m höchstgelegenen Schmalspurbahnhof Deutschlands. Nur wenige Monate später, im März 1899, wurde die Strecke eingeweiht. Schon bald fuhren die Touristen in großer Zahl auf den höchsten Gipfel des Harzes. Der Schienenstrang der Brockenbahn liegt ganz auf dem Gebiet des Nationalparks Harz. Die Bahn fährt vom kleinen Harzort Drei Annen Hohne über Schierke ❶❺ bis zum Gipfel des Brockens ❶. Man kann aber auch von allen anderen Bahnhöfen der Selketalbahn und der Harzquerbahn bis auf den Brockengipfel fahren.

Auch die Reize des Selketals erfährt man am idealsten und bequemsten mit der Eisenbahn. Die älteste der Harz–Schmalspurbahnen rollt bereits seit 1887 durch das Selketal, in Stiege wird der höchste Punkt der Strecke erreicht. Mit der Harzer Schmalspurbahn gelangt man von Wernigerode in rund 2,5 Stunden in das thüringische Nordhausen. Die 60 km lange Fahrt führt durch die schönsten Teile des Nationalparks Harz.

60 Tagen im Jahr ab. Die Ilse ist recht kalt, im Durchschnitt 5 °C, kann aber an heißen Sommertagen auch 15 bis 17 °C erreichen. Aufgrund der hohen Fließgeschwindigkeit und der starken Durchwirbelung ist das Wasser der Gebirgsbäche sehr sauerstoffhaltig.

Der Aufstieg beginnt am Nationalparkhaus in Ilsenburg (Parkplatz und Wohnmobilstellplatz), das Flüsschen gibt die Richtung vor. Der Weg nimmt seinen Anfang unter Schatten spendenden Buchen, vorbei am Ilsestein. Dann wird der Pfad steiler, von Fichten, Erlen,

Eschen und Birken gesäumt. Es beginnt der reizvollste Abschnitt des Ilsetals. Die Ilse springt dem Wanderer in zahlreichen kleinen Wasserfällen munter entgegen, weiter bergauf entzieht sie sich plötzlich den Blicken. Das Wasser sucht versteckt seinen Weg zwischen großen, rundgeschliffenen Granitbrocken, es gurgelt und rauscht eine seltsame Melodie. Auf etwa 900 m Höhe entdeckt man eine moorige Senke, das Brockenbett – hier nimmt das Bächlein seinen Lauf. Bis zum Gipfel ist es nun nicht mehr weit.

Das schon von Heinrich Heine gepriesene Ilsetal verzaubert bis heute die Wanderer mit Felsen und Wasserfällen.

GEOLOGIE DES HARZES

Wo sich einst ein urzeitliches Meer ausbreitete, faltete sich im Karbon, vor 200 Millionen Jahren, der Urharz auf; das aufsteigende Magma erreichte jedoch nicht die Oberfläche, sondern kühlte in 2000 m Tiefe langsam ab. Die Harzscholle stieg weiter auf, zugleich aber wurde durch Erosion immer mehr von der Oberfläche abgetragen. So entstanden die für den Harz so typischen Klippen, die als Reste eines frühen Harzvulkanismus zutage traten. Durch physikalische und chemische Prozesse erodiert das harte Granitgestein der Klippen allmählich zu Gesteinsblöcken mit abgerundeten Kanten, die an Matratzen, Kissen oder Wollsäcke erinnern (Bild) – daher der Name Wollsackverwitterung. Letzlich zerfallen die Klippen zu den für den Brocken typischen Blockfeldern.

Rückkehr eines stillen Jägers Zu den Aufgaben, die sich der Nationalpark gesetzt hat, gehört auch die Wiedereinbürgerung des Luchses. Früher war die große, hochbeinige Wildkatze in ganz Europa anzutreffen, doch bereits 1818 wurde im Harz der letzte Luchs zur Strecke gebracht. In Tschechien und Frankreich konnte das Tier in Teilen seines ehemaligen Siedlungsgebietes wieder heimisch werden. Auch im Bayerischen und im Pfälzer Wald setzt die Raubkatze ihre Fährte. Im **Luchsgehege Rabenklippe** ❼ bei Bad Harzburg (vom Parkplatz an der B 4 eine 5-km-Wanderung) gewöhnen sich die Tiere an die umliegende Landschaft, bevor sie in die Freiheit entlassen werden. Drei bis fünf Luchse gelangen so jedes Jahr in die freie Wildbahn. Mit etwas Glück kann man die sehr scheuen Tiere in dem natürlichen Tiergehege beobachten. Ein ausgewachsener Luchs erreicht eine Schulterhöhe von 60 bis 75 cm und wiegt mit 18 bis 20 kg so viel wie ein Reh. Typisch sind seine Pinselohren, die antennenartig in die Höhe ragen; sprichwörtlich ist die Sehfähigkeit des Luchses. Luchse sind Einzelgänger und beanspruchen ein mit 5 bis 150 km² sehr großes Jagdgebiet. Neben Mäusen, Füchsen und Hasen erbeuten sie auch Rehe.

Auf dem Acker ❽ wird der lange, bis 860 m hohe Bergzug zwischen Sieber- und Sösetal genannt. Die Kammlage ist moorig. Den alten Höhenweg hat man gesperrt, doch unterhalb des Hochmoors führt ein 13,5 km langer Rundwanderweg vom Parkplatz Stieglitzecke bis zum Gasthaus Hanskühnenburg auf dem Acker – eine Wanderung mit grandiosen Aus- und tiefen Einblicken in Ökologie und Umwelt. Noch vor wenigen Jahrzehnten dominierten auf dem Acker geschlossene Bergfichtenwälder, die dem sauren Regen zum Opfer fielen. An ihre Stelle traten ein niedriger Buschwald und Sauergras.

Das Gipfelmoor des **Bruchbergs** ❾ ist das letzte seiner Art in Mitteleuropa. Aus der mit Heide- und Beerensträuchern bewachsenen, teilweise 4 m starken Moosschicht quillt dunkles Wasser. Manche Torfmoosarten können das 20- bis 25-fache ihres Trockenge-

Aus dem Sonneberger Moor leuchten im Frühsommer die kugeligen Fruchtstände des Wollgrases.

wichtes an Wasser speichern. In Trockenperioden verdunsten die Pflanzen das gespeicherte Wasser und wechseln dabei die Farbe: Sie werden blass. Man spricht daher auch von Bleich- oder Weißmoosen. In der Gipfellage des Bruchberges (927 m) durchbrechen Felsklippen aus Quarzit die Torfschicht. Der Wolfswarte genannte Stein verdankt seinen Namen den Wölfen, die einst im Harz ebenso zahlreich anzutreffen waren wie Bären und Luchse. Vom Parkplatz Steile Wand an der Straße Torfhaus–Altenau führt ein Wanderweg zu Wolfswarte und Bruchberg.

Nur etwas für Spezialisten Vor etwa 4000 Jahren entstand das **Sonneberger Moor** ⑩; seither ist die Torfschicht an einigen Stellen auf mehr als 5 m angewachsen. Die extremen Lebensbedingungen der Oberharzer Moore bieten nur angepassten Pflanzen- und Tierarten eine Lebenschance. Umgekehrt sind diese Arten dann aber an diesen Lebensraum gebunden. Das macht den Erhalt der Moore für diese Arten so bedeutsam. Typisch sind die kugeligen, weißen Fruchtstände des Wollgrases, die uns im Frühsommer in vielen Hochmooren des Harzes entgegenleuchten.

Eine weitere Charakterpflanze der Hochmoore ist der Rundblättrige Sonnentau; die fleischfressende Pflanze hat sich speziell an die extremen Lebensbedingungen in den Mooren angepasst. Eine Heimat bietet das Moor auch der seltenen Alpen-Smaragdlibelle. Aus Gründen der Sicherheit und des Naturschutzes gibt es keine Wege durch das Sonneberger Moor; so wurde es bislang kaum durch menschliche Nutzung beeinträchtigt. Entlang dem Moor führt ein Bohlensteg vom Parkplatz des Ortes Sonneberg bis zum Oderteich, der einen guten Eindruck von der Ursprünglichkeit dieser Naturlandschaft vermittelt.

Nirgends im Harz hat die Eiszeit so deutliche Spuren hinterlassen wie im **Odertal** ⑪. Eine Wanderung führt vom Parkplatz an der Oderteichstaumauer (Straße Torfhaus–Sonneberg) durch einen Grund mit Moränenwellen und Schmelzwasserrinnen, die hier zurückblieben. In dem eiszeitlichen Tal wurde bereits 1714–21 der erste Stausee Deutschlands, der **Oderteich** ⑫, angelegt. Den 18 m hohen Damm errichteten die Harzer Bergknappen mit Schaufel und Kiepe noch in schwerster Handarbeit.

Wild und schön: Eine Wanderung über die Hohneklippen mit Brockenblick ist zu allen Jahreszeiten ein Erlebnis.

Zauberlandschaften und ein urzeitliches Ensemble Die **Achtermannshöhe** ⓭ ist einer von vielen Ausläufern des Brockens und mit 925 m bei Weitem nicht der höchste. Vom Parkplatz Königskrug an der B 4 lässt sich der Anstieg leicht bewältigen. Nach kurzer Wanderung durch dichten Fichtenwald erhebt sich aus dem Forst ein steiler Fels- und Geröllkegel. Das Hornfels genannte Gestein verwittert im Gegensatz zu Granit nur sehr langsam und bewahrt die eigentümliche Gipfellandschaft vor der Abtragung durch Wind und Wetter.

Das Bodetal ist eines der ältesten Naturschutzgebiete in Deutschland, im Jahre 1937 wurde es bereits unter Schutz gestellt. Die Warme und Kalte Bode entspringen nur einen Kilometer voneinander entfernt am Fuße des Brockens. Im **Bodetal** ⓮ bei Braunlage stürzt sich die Warme Bode in Kaskaden zu Tal. Die Quellflüsse vereinen sich bei Königshütte und strömen als Bode zwischen Treseburg und Thale durch eine imposante Schlucht zwischen Hexentanzplatz und Rosstrappe (Seite 43). Hier erinnert die Landschaft an einen Canyon in Südfrankreich.

Südlich des Brockens liegt der beliebte Luftkurort **Schierke** ⓯, Station der Brockenbahn und Ausgangspunkt schöner Wanderungen, die zu der eigentümlichsten Landschaft im

Die Wasser der Großen Bode fallen am Oberen Wasserfall mehrere Meter tosend in die Tiefe.

Nationalpark, den ⮕ **Hohneklippen** 🔟, führen. Bleiche Baumgerippe strecken ihre dürren Äste dem Himmel entgegen, graue Granitfelsen aufgetürmt zu merkwürdigen Gebilden – eine Landschaft in Deutschland, die an nordamerikanische Nationalparke erinnert. Granitklippen gibt es überall im Harz, aber nirgends bilden sie eine so beeindruckende Formation wie am Hohnekopf. Seltene Moose und Flechten überziehen das Gestein, Farne, Draht-Schmiele und Wald-Reitgras fassen in den Felsspalten Fuß . Der Wanderfalke schätzt diese hoch aufragenden Felsen, die ihm freien An- und Abflug ermöglichen. Der stark gefährdete Greifvogel ist im Harz wieder heimisch. Die Wanderung durch die Urzeit des Nationalparks kann man vom Nationalparkhaus bzw. Bahnhof der Harzquer- und Brockenbahn Drei Annen Hohne in Angriff nehmen. Nach einer halben Stunde erreicht man den Trudenstein, ein malerisches Gebilde, das der Maler Caspar David Friedrich als Vordergrund für sein Gemälde Watzmann verwendete. Nach einem steilen Anstieg auf 900 m Höhe gelangt man zu den Felsformationen Hohnekopf, Bärenklippe und Leistenklippe. Einer Sage nach waren die schroffen Felsen der Hohneklippen drei schöne Jungfrauen, die hier als Strafe für ihren Hochmut versteinert wurden.

BROCKENANEMONE *(Pulsatilla alpina)*

Die Charakterpflanze des Brockens (auch Alpen-Kuhschelle oder Alpen-Küchenschelle) gehört zur Familie der Hahnenfußgewächse (Ranunculaceae) und der Gattung der Kuhschellen (Pulsatilla). Auf die haarigen Fruchtköpfchen gehen originelle volkstümliche Namen zurück: Petersbart, Teufelsbart, Haarige Männle, Wilde Männle, Grantiger Jager, Strublbuabn, Bocksbart oder Hexenbesen. Die Staude wird 20 bis 50 cm hoch, die Grundblätter sind zu Beginn der Blütezeit (Mai–Juli) noch wenig entwickelt. Die Blütenhülle besteht aus sechs weißen oder gelben Blütenhüllblättern. Die Alpen-Kuhschelle war in ihrem Bestand stark gefährdet;  der Nationalpark Hochharz führt ein Artenschutzprogramm für die ursprünglichen Brockenarten durch, sodass der Erhalt der Brockenanemone gesichert ist.

10 Naturpark Unteres Saaletal
Ein ungeahntes Paradies für Naturkundler und Kulturfreunde

ANFAHRT
Auf der A 14 Halle–Magdeburg bis zur Ausfahrt 13 Löbejün, von dort auf der Landstraße über Domnitz nach Rothenburg; nächstgelegene Bahnhöfe in Halle und Magdeburg

LAGE
Nördlich von Halle im Bundesland Sachsen-Anhalt

GRÖSSE
410 km²

HÖCHSTE ERHEBUNG
Neehäuser Hügel (200 m)

GRÜNDUNG
2005

INFORMATION
Naturpark Unteres Saaletal
Am Kindergarten 11
06420 Rothenburg/Saale

TELEFON
034691/211 94

INTERNET
www.unteres-saaletal.de

Ein letztes Mal vor ihrer Mündung in die Elbe durchbricht die Saale einen Gebirgsrücken, die sogenannte Halle-Hettstedter-Gebirgsbrücke, einen östlichen Ausläufer des Harzes. Der landschaftliche Reiz des unteren Saaletales hat mit den abwechslungsreichen geologischen Verhältnissen zu tun: Das Nebeneinander unterschiedlicher Gesteine und eine kontrastreiche Geländeformung beeinflussen Fauna und Flora. Noch vor dem Saaledurchbruch, zwischen Döblitz und Mücheln, erstreckt sich eine fremdartig anmutende Porphyrlandschaft. In den Lössboden der ebenen Hochfläche haben Abflüsse zur Saal tiefe Erosionstäler gegraben. Hier tritt der tiefer liegende Porphyr zutage, ein Ergussgestein vulkanischen Ursprungs. Bei Brachwitz schwingt sich die Hallesche Porphyr-Hügellandschaft gar zu den Brachwitzer Alpen auf. In Rothenburg dann rücken die schroffen Hänge bis zum Flussufer heran.

Artenreiche Flusslandschaft Seinen Namen trägt **Rothenburg** ❶ nicht von ungefähr: Rot ist der Karbonsandstein der Umgebung, aus rotem Porphyr erbauten die Rothenburger ihre Kirche. Über der Stadt liegen die Reste der Sputinesburg, von der sich nur die Ringwälle erhalten haben. Das weithin sichtbare Schifffahrtssignal wurde um 1820 auf dem Burgberg errichtet. Eine Wanderung flussabwärts führt zum Naturschutzgebiet **Teufelsgrund und Saalehänge** ❷, das über 50 Vogelarten Brutplätze bietet. Über die westlichen Saalehänge erstreckt sich das Naturschutzgebiet Zickeritzer Busch mit seinem urtümlichen Baumbestand von Eschen, Eichen und Hainbuchen. Das Renaissanceschloss **Friedeburg** ❸ vom Ende des 16. Jahrhunderts liegt hoch über der schönen Flusslandschaft. Trotz der baulichen Veränderungen im 19. Jahrhundert blieb es ein ansehnlicher Bau. Der Dichter Friedrich Gottlieb Klopstock (1724 bis 1803) verbrachte seine Kindheit auf dem Gut Friedeburg. Nicht weit flussaufwärts trifft man auf die Weiße Wand am Dorfrand von **Dobis** ❹. Auf dem steilen, hellen Hang sind außergewöhnliche Schichten von weißem Zechsteinkalk und rotem Gestein, dem Rotliegenden, zu erkennen.

Nicht immer fließt die Saale ruhig dahin, seit je tritt sie regelmäßig über die Ufer. Die Vogelwelt schätzt diese feuchte Auenlandschaft. Graureiher und andere geschützte Vogelarten sind bei **Kloschwitz** ❺ zu beobachten.

So schön kann der Blick von der alten Burg Wettin auf die Saale sein, wenn Morgentau die Flusslandschaft versilbert.

Hinter den Feldsteinmauern eines ehemaligen Gutshofes in Mücheln ❼ verbirgt sich die Kapelle Unserer Lieben Frauen der einst hier ansässigen Kommende des mittelalterlichen Templerordens. Errichtet wurde das turmlose Gotteshaus im späten 13. Jahrhundert. Ein polygonaler Chor (Bild) schließt die einschiffige Saalkirche nach Nordosten ab. Durch sieben Spitzbogenfenster dringt Licht in den den rippengewölbten Kirchenraum. Ein schönes Beispiel frühgotischer Baukunst. Die Kirche wird für Ausstellungen und Konzerte genutzt.

Tödlicher Atem Ein berühmtes Adelsgeschlecht stammt aus dem verwinkelten Städtchen ⮕ **Wettin** ❻, doch die Anwesenheit der Wettiner an ihrem Ursprungsort endete schon im hohen Mittelalter. Die hoch über der Saale thronende Stammburg von Sachsens legendärer, weit verzweigter Herrscherdynastie schützte den Saaleübergang, der noch heute von einer emsig wechselnden Fähre bedient wird. Steil und schmal sind die Straßen, die zum prunkvollen Renaissance-Rathaus von 1660 führen. Ein beliebter Spazierweg führt durch das Schweizerling-Wäldchen zum 21 m hohen Bismarckturm. Flussaufwärts liegt das Dorf ⮕ **Mücheln** ❼ mit seiner sehenswerten Templerkapelle.

Eines der ältesten Dörfer auf den Hochflächen östlich der Saale ist das schon im 4. Jahrhundert gegründete **Neutz** ❽. Der romanische Kirchenbau aus dem frühen 14. Jahrhundert versteckt sich unter efeuumrankten Bäumen, von verwitterten Grabsteinen umringt. Mit der Kirche verbindet sich eine schaurige Sage: Beim Bau stieß man auf einen Basilisken, ein drachenartiges Fabeltier, das mit seinem giftigen Atem mehrere Menschen tötete. Erst mittels eines Spiegels, in den sich das Ungeheuer wütend verbiss, konnte man es besiegen. Seine Eier jedoch hatte der Basilisk in einer Steinplatte mit 15 Vertiefungen, dem noch heute zu sehenden Neutzer Näpfchenstein, abgelegt.

Zwischen Gimritz und Döblitz liegt die ⮕ **Porphyrlandschaft Gimritz** ❾. Steinbrüche, Halden und zugewachsene Gruben zeugen von 500 Jahren Bergbau. Porphyre sind vulkanisches Magmagestein. Wer die einsamen Erosionstäler Scharmgrund, Teichgrund,

Lauchengrund und Pfaffenmagd durchstreift, findet auf den Trockenwiesen vom Aussterben bedrohte Pflanzen und Tiere, die sonst nur in Steppengebieten vorkommen. Das Gebiet zählt zu den niederschlagsärmsten in Deutschland.

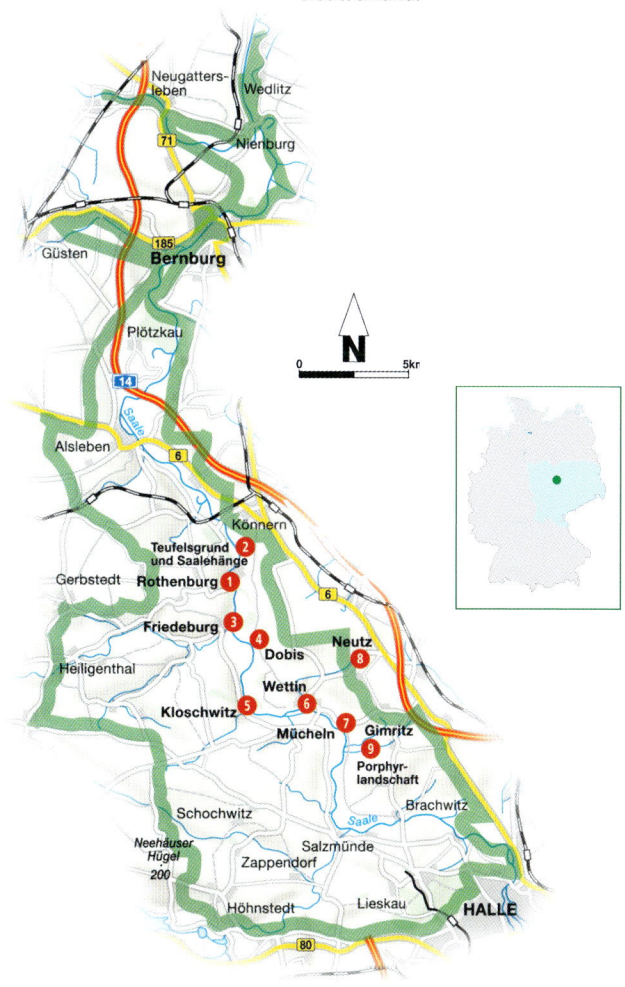

11 Naturpark Kyffhäuser
Wo Sagen, Geschichte, Kunst und Natur sich treffen

ANFAHRT
Über die noch nicht ganz fertiggestellte A 38 Göttingen–Halle (teilweise über die parallel verlaufende B 80) bis zur Ausfahrt Roßla oder Berga-Kelbra; mit der Bahn erreicht man Bad Frankenhausen

LAGE
Im Bundesland Thüringen, südlich des Harzes zwischen Göttingen und Halle a. d. Saale

GRÖSSE
305 km²

HÖCHSTE ERHEBUNG
Kulpenberg (477 m)

GRÜNDUNG
1998

INFORMATION
Naturpark Kyffhäuser
Barbarossastraße 39a
06567 Rottleben

TELEFON
034671/51 40

INTERNET
www.naturpark-kyffhaeuser.de

Auf engstem Raum finden unterschiedlichste Biotope zueinander, Refugien für Tiere und Pflanzen. Ein solch faszinierendes kleines Gebirge ist der Kyffhäuser. Das unterschiedliche Grundgestein bedingt die Vielfalt eigentümlicher Lebensräume. Starke Reliefgliederungen, geringe Niederschläge und geologische Besonderheiten ließen eine bemerkenswerte und artenreiche Flora und Fauna entstehen. Auf den Gipsen des Zechsteins am Südhang des Kyffhäusergebirges finden sich Magerrasen und Heide. Bergsteinkraut und Edelgamander bewachsen die Felsheiden der rund hundert Meter hohen Hänge. Das aus den Zechsteinschichten gelöste Salz tritt in Salzquellen an die Oberfläche; an diesen Binnensalzwassern gedeihen Strandaster und Queller.

Ein Paradies für Vögel An der nördlichen Naturparkgrenze wird die Helme durch die **Talsperre Kelbra** ❶ zu einem 600 ha großen See angestaut. Er bietet nicht nur Erholungsmöglichkeiten, auch viele Wasser-, Rast- und Brutvögel werden von dem Gewässer magisch angezogen.

Noch vor 40 Jahren floss die Helme im Sommer gemächlich durch ihre Auen. Doch zur Schneeschmelze drängten die Wassermassen aus dem Harz talwärts Richtung Osten und überfluteten Dörfer, Felder und Weideland. Zum Schutz vor Überschwemmungen wurde 1962–66 ein etwa 4 km langer und bis zu 7,5 m hoher Damm errichtet; ein Stausee entstand. Bei Hochwasser kann sich die Fläche der Talsperre Kelbra mehr als verdoppeln und rund 1400 ha Land bedecken, die Dörfer bleiben seitdem von Überschwemmungen verschont; für Kraniche und andere Zugvögel ist hier der bedeutendste Binnenrastplatz in Deutschland entstanden.

Schon viele aufmerksame Besucher der **Helme-Aue** ❷ haben sich gewundert: Plötzlich stehen sie vor Pflanzen, die ihnen aus dem Urlaub der Ost- oder Nordsee bekannt sind: der Queller, der Strandwegerich, die Strandaster und die Strandgrasnelke. Tatsächlich quillt hier aus den Tiefen der Erde salzhaltiges Wasser und schafft diese einmaligen Lebensräume im Binnenland. Die seltene Kombination von Binnensalzstellen, den offenen Wasserflächen des Stausees und der Fischteiche, den Röhrichten und feuchten Wiesen macht die Helme-Aue zu einer besonders wertvollen Naturlandschaft.

Wie eine Pickelhaube krönt das Denkmal für die Kaiser Wilhelm I. und Friedrich I. Barbarossa das Kyffhäusergebirge.

Der Berg der Kaiser

In den Ruinen der alten Reichsburg auf dem Kyffhäuser errichtete man zum Gedenken an den Hohenzollernkaiser Wilhelm I. das ➠ **Kyffhäuser-Denkmal** ❸. Das am 18. Juni 1896 eingeweihte Monument erhebt sich über drei Terrassen und wird von dem 81 m hohen Turm gekrönt. Das Reiterstandbild Wilhelms I. sowie die Steinfigur Friedrichs I. Barbarossa sollten an deutsche Größe erinnern. Der grandiose Rundblick über die Goldene Aue, vom Harz bis zum Thüringer Wald, lohnt die Mühen des Aufstiegs über 232 Stufen.

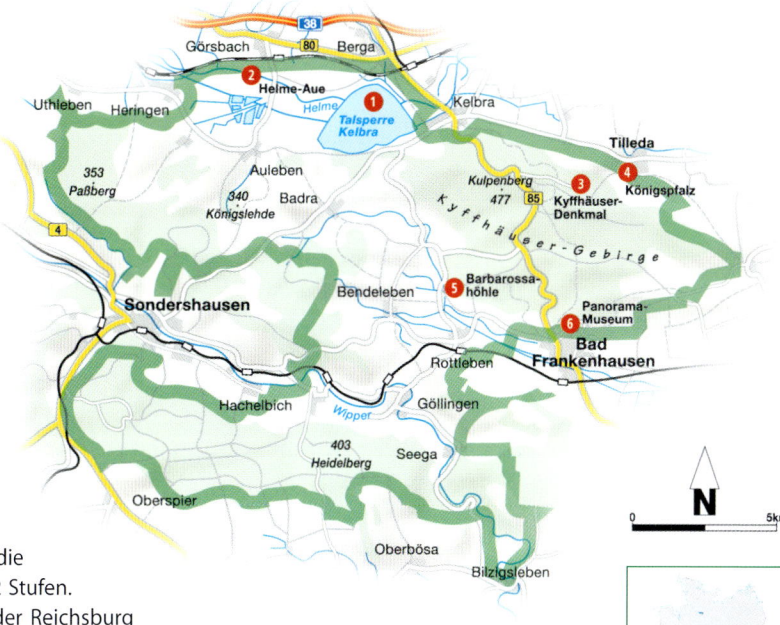

Die wechselvolle Geschichte der Reichsburg Kyffhausen von ihren Anfängen bis zum Verfall im 15. Jahrhundert dokumentiert das Burgmuseum.

Die **Königspfalz Tilleda** ❹ am Fuß des Kyffhäusers diente seit dem 10. Jahrhundert den deutschen Königen als zeitweilige Residenz. Von den historischen Befestigungswällen und den Gebäuden sind nur Reste erhalten geblieben, aber eine Reihe nachempfundener Holzhäuser mit Strohdach sowie eine kleine Ausstellung vermitteln ein anschauliches Bild des Lebens im frühen Mittelalter.

Am Westhang des Kyffhäusers verbirgt sich die ➠ **Barbarossahöhle** ❺. Im Verlauf von Jahrtausenden verwandelten die Wasser des Gebirgsinneren den seltenen, hier vorkommenden Anhydritstein zu Gips. Entdeckt wurde die Höhle 1865 bei der Suche nach Kupferschiefer. Sie ist rund 700 m lang, unter teils kuppelartig hohen, teils weitgespannten Gewölben breiten sich kristallklare Seen aus. Bekannt wurde sie vor allem durch die Barbarossasage: An einem steinernen Tisch sitzt Stauferkaiser Friedrich I. Barbarossa (1152 bis 1190) und wartet auf die deutsche Einheit; sein Bart ist inzwischen durch den Steintisch gewachsen. Eine Führung durch die einzige touristisch erschlossene Gipshöhle Deutschlands dauert eine knappe Stunde.

Das ➠ **Panorama-Museum** ❻, oberhalb des Kurortes Bad Frankenhausen gelegen, zeigt ein einmaliges Monumentalgemälde mit über 3000 Figuren zum Thema Frühbürgerliche Revolution in Deutschland. Auf einer 123 x 14 m großen Leinwand stellt der Leipziger Maler Werner Tübke die Bauernschlacht bei Frankenhausen am 15. Mai 1525 dar. Das Denkmal, das Panorama-Museum und die Barbarossahöhle bieten eine preisgünstige Kombikarte an.

GEOLOGISCH-BOTANISCHER WEG

Fotoapparat und ein botanisches Bestimmungsbuch einpacken! Start für den 6 bzw. 10 km langen ausgeschilderten Rundweg am Nordrand von Bad Frankenhausen gegenüber dem Stadtpark an der B 85. Zur Naturparkstation geht es durch Orchideenwälder, vorüber an sonnigen Hängen, zu Steinbrüchen mit Gipskarst, zurück entlang der Kleinen Wipper. Der Abstecher zur geologisch sehr interessanten Barbarossahöhle ❺ lohnt sich. (Große Runde etwa 2,5 Stunden) Im Frühjahr kann man hier das selten Frühlings-Adonisröschen (*Adonis vernalis,* Bild) entdecken, das Wärme, Licht und kalkigen Boden bevorzugt – und genau diese Bedingungen bietet das Kyffhäusergebirge.

12 Naturpark Eichsfeld-Hainich-Werratal
Das grüne Herz Deutschlands – ein Begriff für Kenner der Natur

ANFAHRT
Auf der A 7 Göttingen–Kassel bis Dreieck Drammetal und A 98 Richtung Halle bis zur Ausfahrt Friedland, dann über die B 27 und die Landstraße nach Bornhagen zur Ruine Hanstein; mit der Bahn nach Heiligenstadt bzw. Leinefelde, Mühlhausen, Eisenach oder Bad Langensalza, von dort weiter mit Bussen in die Naturparkregion

LAGE
In Westthüringen zwischen Heiligenstadt und Eisenach

GRÖSSE
870 km²

HÖCHSTE ERHEBUNG
Goburg (569 m)

GRÜNDUNG
1990

INFORMATION
Naturpark Eichsfeld-Hainich-Werratal
Dorfstraße 40
37318 Fürstenhagen

TELEFON
036083/46 63

INFOHÄUSER
Tourist Information Creuzburg
Burg Creuzburg
99831 Creuzburg
Telefon 036926/980 47

Naturpark- und Touristinformation Treffurt
Bürgerhaus Treffurt
Puschkinstr. 3
99830 Treffurt
Telefon 036923/515 42

INTERNET
www.naturpark-ehw.de

Einst auf blankem Fels errichtet thront die Burg Hanstein, eine der größten Burgruinen Mitteldeutschlands, über dem verträumten Dorf Rimberg.

Formen einer Landschaft, wie sie unterschiedlicher nicht sein können, zu einem großen Naturpark vereint. Es gibt Interessantes und Vielfältiges zu entdecken: Das Eichsfeld im Norden ist ein großflächiges Muschelkalkplateau mit tief eingeschnittenen Tälern; an steilen Abbruchkanten tritt deutlich das poröse, weiße Kalkgestein hervor und hebt sich vom satten Grün der Auen, weiten Felder und bewaldeten Hügel ab. Das größte zusammenhängende Waldgebiet Mitteldeutschlands, der Hainich, schließt sich im Südosten an. Natürlicher und zum Teil ursprünglicher Buchen- und Laubmischwald, aber auch eine der wenigen großen Wacholderheiden Deutschlands in einer dünn besiedelten Region sind etwas Besonderes für Liebhaber und Kenner der Natur. Ein Teil des Hainichs ist sogar Nationalpark (Seite 82). Teil Drei des Naturparks, die völlig andere Landschaft des Werratals, liegt im Südwesten. Der Fluss windet sich zwischen steilen Felswänden aus Kalkstein und naturnahen Auenlandschaften der Weser entgegen, gesäumt von schönen Burgen und Schlössern – so romantisch, als ob die Werra der Saale den Rang ablaufen wollte. Eine Vielzahl baulicher Sehenswürdigkeiten mit spannenden Geschichten dazu gibt es in den Ortschaften zu entdecken, romantische Burgen und Kirchen, gut erhaltene alte Stadtkerne und aufschlussreiche Museen.

Für Kenner eine echte Alternative Die **Ruine Hanstein** ❶ bei Bornhagen, auf einer Buntsandsteinkuppe oberhalb der Werra gelegen, gilt als eine der schönsten Burgruinen Mitteldeutschlands. Die Burg wurde im 11. Jahrhundert auf einer älteren Anlage erbaut, doch bereits 1070 in den Kämpfen zwischen König Heinrich IV. (1056 bis 1106) und Otto von Northeim zerstört und anschließend wieder aufgebaut. Der Hanstein überstand einige Belagerungen und wurde auch im Bauernkrieg nicht zerstört; dennoch gab man die Veste um 1550 auf. Trotz verschiedener Sicherungsmaßnahmen im 17. und im 19. Jahrhundert verfiel die Burg. Heute finden im Palas der Ruine regelmäßig Ausstellungen und Konzerte statt. Einen

Die Seele des Eichsfelds Große Kirchen prägen das Stadtbild von **Heiligenstadt** ③. Hier wurde 1460 der berühmte Holzschnitzer Tilman Riemenschneider geboren, der Poet Heinrich Heine empfing in der katholischen Stadt die Taufe, und der Erzähler und Lyriker Theoder Storm wirkte acht Jahre lang als Kreisrichter. Besonders sehenswert sind die Martinskirche und die Marienkirche; das Literaturmuseum widmet sich dem Werk Storms. Die Naturparkverwaltung ist im ehemaligen Bahnhofsgebäude von **Fürstenhagen** ④ untergebracht, Informationen zum Naturpark sind im alten Wasserturm zu finden. Ein Naturlehrpfad führt zu den **Dieteröder Klippen** ⑤, mit 520 m einer der höchsten Punkte im oberen Eichsfeld. Der 8,2 km lange Rundwanderweg macht mit den unterschiedlichen Lebensräumen des Naturparks vertraut und bietet weite Ausblicke über das Eichsfeld. Großflächige Muschelkalkplateaus mit tiefen Taleinschnitten bestimmen das Landschaftsbild. An der steilen Abbruchkante erkennt man deutlich das helle Kalkgestein. Ab dem Parkplatz an der Dieteröder Höhe führt ein barrierefreier Wanderpfad für Rollstuhlfahrer und Eltern mit Kinderwagen hinauf zu den Dieteröder Klippen.

Der dicht bewaldete Höhenzug **Gobert** ⑥ mit der höchsten Erhebung des Eichsfeldes, der Goburg (543 m), zählt zu den schönsten Wandergebieten. Ein Stück unberührter Natur mit artenreicher Flora, darunter seltene Enziane, Tausendgüldenkraut und Orchideen.

weiterer Höhepunkt bildet das alljährliche Mittelalterfest im August. An schönen Tagen genießen die Besucher vom 24 m hohen Nordturm den Rundblick über das Eichsfeld bis zum Hohen Meißner und zum Brocken. Parkplätze gibt es in Bornhagen; von hier ist es nur ein kurzer Spaziergang zur Burg hinauf. Eine einfache Wanderung führt von der Ruine Hanstein zur 2,5 km entfernten, 452 m hohen ➠ **Teufelskanzel** ②. Der Sage nach hat der Teufel versucht, den Sandsteinfelsen vom Brocken zum Hohen Meißner zu bringen,

musste ihn aber hier absetzen. 350 m unterhalb der Teufelskanzel zieht die Werra eine Hufeisenschleife. An ihrem rechten Ufer liegt das 250-Seelen-Dorf Lindewerra, in dem sich das selten gewordene Stockmacher-Handwerk noch immer hält. Der Abstieg von der Teufelskanzel in das Werratal lohnt sich,

Eine technische Meisterleistung des ausgehenden 19.Jahrhunderts: die Eisenbahnbrücke in Lengenfeld unterm Stein

Wundervolle Fernblicke von der Hochfläche und von den Steilhängen in das Eichsfeld und das Werratal lohnen den Aufstieg, der am besten in Volkerode beginnt. Als Ausgangspunkt bietet sich das ca. 1,5 km von Volkerode entfernte Gasthaus Hühnermühle an.

Für Eisenbahn- und Brückenfreunde Über dem Ort **Lengenfeld unterm Stein** ❼ schwebt in 23 m Höhe ein Eisenbahnviadukt, das einen 253 m langen Bogen beschreibt und eine Besonderheit, eine sogenannte Fischbauchträgerbrücke aufweist. Nach dem Deutsch-Französischen Krieg im 19. Jahrhundert planten die Preußen eine strategische Heerstraße per Schiene zwischen Berlin und Bebra. Daraus wurde nichts, die Steigungen im Eichsfeld waren zu groß, und die Strecke diente ausschließlich zivilen Zwecken. 1994 legte man die gut frequentierte Nahverkehrsstrecke still. An schönen Wochenenden jedoch kann man die Brücke mit einer Draisine befahren: Vom Lengenfelder Bahnhof muss ein 3 km langes Stück aus eigener Kraft bewältigt werden (Anmeldungen unter Tel. 036027/78 08 59).

Ganz natürlichen Ursprungs ist der schluchtartige Einschnitt, durch den der eher unscheinbare Bach Lutter seinen Weg nimmt. Während der Schneeschmelze oder auch nach starken Regengüssen verwandelt sich der ansonsten friedliche Bach in ein reißendes Wildwasser, das bei Großbartloff über den **Lutterwasserfall** ❽ 10 m in die Tiefe stürzt.

PURPURKNABENKRAUT *(Orchis purpurea)*

Das Purpurknabenkraut bevorzugt lichte Laub- und Mischwälder, grasige Waldlichtungen, Säume und Magerrasen. Die zwischen 25 und 80 cm hohe Orchidee liebt halb schattige Bereiche und wächst auf frischen bis mäßig trockenen, kalkreichen Böden in klimatisch günstigen Lagen. Die drei bis sechs Blätter, fast oder ganz am Boden anliegend, werden bis 20 cm lang. Die Pflanze bildet zahlreiche, dicht beieinanderstehende Blüten aus, Kelch- und Kronblätter sind helmförmig zugeneigt und bräunlich-purpurn gefärbt. Das Purpurknabenkraut ist gefährdet und bedarf besonderer Aufmerksamkeit. Im Naturpark tritt es an mehreren Stellen auf und kann auch bei der Orchideenwanderung auf den Wisch entdeckt werden (Wandertipp Seite 64).

Der Wasserfall, der durch Kalksinterablagerungen weiter wächst, liegt etwas versteckt am Ortsausgang von Großbartloff, etwa 250 m von der Straße entfernt.

Wallfahrtsstätten gibt es im frommen Eichsfeld – einer weitgehend katholischen Enklave im protestanischen Umfeld – zwar nicht wenige, doch der 444 m hohe, von stattlichen Bäumen bestandene **Hülfensberg** 9 wird gerne als das Altötting des Eichsfeldes angesehen. Wallfahrten zum Berg der heiligen Hülfe finden nicht nur an besonderen kirchlichen Feiertagen statt; im Sommer wird an jedem Mittwochnachmittag auf dem Berg auch die Messe gelesen. Die Prozessionen hingegen beginnen frühmorgens in Geismar.

Die Geschichte des Ortes reicht bis in die Zeit der Germanen zurück. In der jahrhundertealten gotischen Wallfahrts– und Klosterkirche erfährt das romanische Hülfenskreuz besondere Verehrung. Das rekonstruierte Kreuz, im Jahre 1991 aufgestellt, gilt als Zeichen der Glaubenstreue und der Heimatverbundenheit aller Eichsfelder. Es ist das älteste und bedeutendste sakrale Kunstwerk der Region.

Das ehemalige **Kloster Zella** 10 betritt man von der schattigen Waldseite her durch ein hohes barockes Tor. Um die kleine romanische Kirche gruppieren sich Wohn- und Wirtschaftsräume aus dem 17. Jahrhundert, überwiegend in Fachwerk ausgeführt – in seiner Geschlossenheit ein beeindruckendes Ensemble. Zella wurde als Doppelkloster für Männer und Frauen um 1100 gegründet. Die Benediktinerinnenabtei existierte noch bis 1810. In den letzten Jahren fügte man behutsam einige moderne Bauteile in das architektonische Juwel ein, denn das Kloster beherbergt heute ein Alten- und Pflegeheim.

Heimat, Kirche, Haus und Hof – das sind die nicht alltäglichen Themen des 6 km langen **Kultur- und Landschaftspfads Faulungen** 11. Schritt für Schritt wird man mit 50 kleinen Hinweisschildern und 5 großen Infotafeln in die Geschichte des Dorfes eingeführt und erfährt, wie und warum diese Eichsfelder Kulturlandschaft entstanden ist. Die Rundwanderung beginnt mit einem besinnlichen Aufenthalt in der Mariengrotte.

Der große Reformator In der Thomas-Müntzer-Stadt ➡ **Mühlhausen** 12 erinnert alles an den Reformator, der hier 1524/25 lebte, predigte und schließlich als Anführer der Bauernkriege hingerichtet wurde. Eine Gedenkstätte in der St. Marienkirche, die zweitgrößte

Eingebettet in Buchenwald und Wiesenhügel liegt ein Fachwerk-Juwel: das Kloster Zella aus dem 17. Jahrhundert.

VOGELSCHUTZWARTE SEEBACH

Zwischen Mühlhausen ⓬ und Bad Langensalza ㉓ (B 247) ist die älteste Staatliche Vogelschutzwarte in Deutschland in einer Wasserburg aus dem 12. Jahrhundert (Bild) untergebracht, die 1911 bis 1914 zur Vogelstation umgebaut wurde. Der 2 ha große Park mit Vogelvolieren und Schautafeln direkt an der Burg lädt zu einem interessanten Rundgang ein. Den in der Nähe liegenden See nutzen Zugvögel zur Rast. Besonders viele Besucher kommen im Sommer, um die angebotenen Führungen und Veranstaltungen zu erleben. Es gibt auch Workshops zum Erlebbaren Vogelschutz. Am 1. April 2008 beging die Vogelschutzwarte in Seebach ihr 100-jähriges Jubiläum.

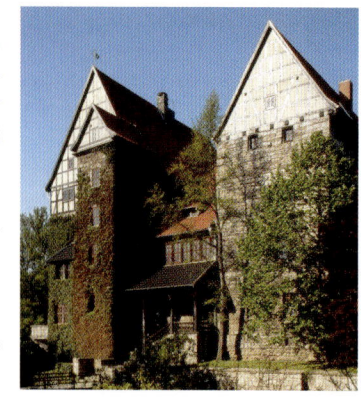

Hallenkirche Thüringens, ruft die Geschichte der Reformationszeit ins Gedächtnis; die Kornmarktkirche beherbergt das Bauernkriegsmuseum.

In der gotischen Pfarrkirche Divi Blasii spielte einst Johann Sebastian Bach die Orgel, hier entstand seine berühmte Toccata und Fuge in D-moll. Mühlhausen ist eine lebhafte und historisch interessante Stadt – 400 Fachwerkhäuser stehen unter Denkmalschutz, auf der weitgehend erhaltenen Stadtmauer kann man spazieren gehen und von den Wachtürmen über die Dächer der Stadt sehen. Der vor den Toren Mühlhausens gelegene Stadtwald gehört zum Naturpark und ist ein beliebtes Erholungs- und Wandergebiet. Zu Fuß führt der Weg von Mühlhausen am Schwanenteich und dem Popperoder Brunnenhaus vorbei, mit dem Auto fährt man auf der B 249 in Richtung Eschwege, bis linkerhand der Parkplatz Stadtwald ausgewiesen ist.

Der **geografische Mittelpunkt Deutschlands** ⓭ liegt südlich von Mühlhausen. Zwar gibt es zur Festlegung des Mittelpunkts unterschiedliche Berechnungsmethoden und entsprechend beanspruchen mehrere Orte den

Die Werra hautnah erleben – das kann man beispielsweise bei einer Kanu-Partie ab Brücke Creuzburg nach Treffurt.

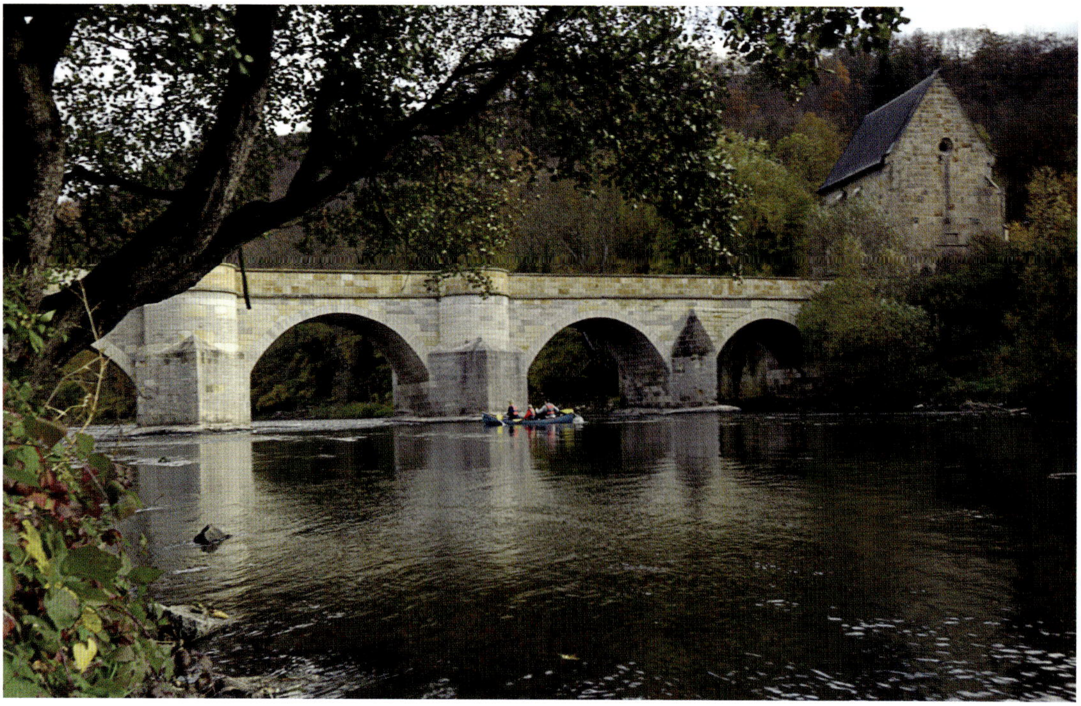

Die Burg Normann-stein oberhalb von Treffurt bewachte im Mittelalter gleich drei wichtige Furten durch die Werra.

Ehrentitel für sich, aber die 1991 in Niederdorla gepflanzte Mittelpunktslinde steht immerhin auf historischem Boden. Schon im 6. Jahrhundert v. Chr. befand sich hier eine Kultstätte. Ein rechteckiger Opferaltar aus Kalk und eine Stele aus Stein stammen aus dieser Zeit. 500 Jahre später legten die Hermeduren um den Heiligen See ein Rundheiligtum mit Opferplatz an. Selbst in christlichen Zeiten wurden zur Besänftigung der alten Götter hier Menschen im Moor ertränkt. Das Museum Opfermoor zeigt die Fundstücke; auf einem Freigelände wurde eine germanische Siedlung nachgebaut.

Wo die Furten sich treffen Unterhalb des mystischen Berges **Heldrastein** 14 führten gleich drei treffliche Furten durch die Werra. An dieser Stelle entstand das Städtchen ➠ **Treffurt** 15. Die dreifache Passage wurde seit dem 11. Jahrhundert durch die Burg Normannstein, auf der wiederum Vertreter dreier Lehnsherren (Thüringen, Hessen, Mainz) residierten, bewacht und gesichert. Erhalten geblieben sind neben dem Bergfried zwei Wohntürme. Nicht weniger romantisch zeigt sich Treffurts historische Altstadt. Die Gassen mit vielen Fachwerkhäusern haben noch ihr uraltes Kalksteinpflaster, das Rathaus gehört zu den schönsten Fachwerk-Rathäusern der Renaissance. Vom Hausberg, dem 503 m hohen Heldrastein, genießt man einen weiten Blick ins Tal der Werra, die hier mal in weiten, mal in engen Bögen fließt, vorbei an hohen Klippen oder durch feuchte Auen.

Reizvoll ist eine Wanderung oder Radtour am Ufer der Werra vom Treffurter Ortsteil Falken nach **Probsteizella** 16. In dem idyllischen Tal hat der Mönch Martin, Gefolgsmann des heiligen Bonifatius, schon im Jahr 777 eine Einsiedelei gegründet. Dieses Probsteizella existierte bis in die Reformationszeit und wurde dann als Forsthaus genutzt. Heute steht hier ein Gasthof, der auch Boote für eine Kanutour auf der Werra anbietet. Der Gasthof ist von Frankenroda bei Mihla auch mit dem Auto zu erreichen.

Die Werraschleife zwischen Frankenroda und Falken überragen die **Falkener Klippen** 17. Steil ragen die Muschelkalkfelsen bis zu 60 m empor. Besonders eindrucksvoll ist die Sicht auf diese Felskulisse vom Lehrpfad Werraaue, der am linken Flussufer verläuft.

Die Stelle, an der das Flüsschen Lauter in die Werra mündet, wird häufig überflutet. Im Mittelalter jedoch bot das Überschwemmungsgebiet einen sicheren Standort. Im 13. Jahrhundert entstand in **Mihla** 18 eine Wasserburg, Reste der Wassergräben wurden 1993 freigelegt. 1536 baute man die alte Wasserburg zum wohnlichen Schloss im Renaissancestil um. Aufgrund des verwendeten Kalksteins setzte sich die Bezeichnung Graues Schloss durch. Seit 1971 wird hier Thüringer Gastlichkeit geboten, später kamen Hotelzimmer hinzu.

Vom Ortsteil Lauterbach führt eine ausgewiesene Straße zum Parkplatz **Harsberg** 19, der auch als Ausgangspunkt für Wanderungen in den Nationalpark Hainich genutzt wird. Ein Wiesenhang in unmittelbarer Nähe blüht im Sommer violett auf: Das Mannsknabenkraut (Orchis mascula), auch Stattliches Knabenkraut genannt, gehört zu den häufiger vor-

VON CREUZBURG AUF DEN WISCH

Vom Parkplatz Schützenhaus am Ortsausgang von Creuzburg **20** nach Mihla **18** windet sich ein schmaler Pfad auf den Bergrücken des Wisch. Viele Orchideenarten, die sich an den Hängen aus Muschelkalk angesiedelt haben, säumen den Weg. Das wärmespeichernde Gestein sorgt für ein günstiges Klima. Bereits im Frühjahr glänzt das Purpurknabenkraut, im Sommer lassen sich bis zu einem Dutzend weitere Orchideenarten entdecken. An zwei Aussichtspunkten blickt man auf die Werra, die sich  zwischen den Ebenauer Köpfen **21** und den gegenüberliegenden Nordmannsteinen ein tiefes Flussbett in das Muschelkalkplateau gegraben hat. Orchideenwanderungen werden von der Naturparkverwaltung angeboten (Bild: Rast an der Schutzhütte auf dem Wisch).

kommenden einheimischen Orchideenarten, ist aber selten geworden und darf natürlich nicht gepflückt oder ausgegraben werden. Auch Raritäten wie der Deutsche Enzian und der Gefranste Enzian sind zu entdecken.

Die Festung ➡ **Creuzburg 20** entstand 508 zur Sicherung der Ostgrenze des Frankenreichs. Im Zuge der Christianisierung durch Bonifatius wurde auf dem Kreuzberg ein Benediktinerkloster gegründet. Ludwig II. von Thüringen baute das Kloster zur Burg um, dem bevorzugten Aufenthaltsort der Landgräfin Elisabeth. Sie ist eine der berühmtesten Frauen des Mittelalters und wurde wegen ihrer Fürsorge um Kranke und Arme heilig gesprochen. Von der romanischen Burg sind nur

noch die Ringmauer, das Turmhaus, Teile des Palas und der Burgbrunnen erhalten.

Den Werraübergang an der Creuzburg sicherte 1223 der Thüringer Landgraf Ludwig IV.: Er ließ aus Natursteinen eine Brücke mit sieben Bögen errichten, die über Jahrhunderte hinweg Handel und Verkehr zwischen Ost und West erleichterte. Nach dem Zweiten Weltkrieg wurde die älteste Natursteinbrücke Ostdeutschlands in ihrer alten Form wieder aufgebaut, ebenso die 1499 errichtete Brückenkapelle, die dem hl. Liborius geweiht ist.

Von der Brücke fällt der Blick flussabwärts auf die **Ebenauer Köpfe 21**, eine markante Gruppe der für das Werratal typischen Mu-

Bei den Ebenauer Köpfen nahe Creuzburg hat sich die Werra ein tiefes Flussbett in das Muschelkalkplateau gegraben.

Die Wacholderweide bei Craula, ein besonders schöner Teil des Naturparks, ist zu jeder Jahreszeit eine Augenweide.

JAPANISCHER GARTEN

Der Japanische Garten Kofuku-no-niwa in Bad Langensalza **23** entführt Besucher in die Gedankenwelt des Fernen Ostens. Der Garten der Glückseligkeit, so die wörtliche Übersetzung, wurde als Rundgang durch den Tag und durch ein ganzes Jahr angelegt, mit Wasserfällen, Teichen, Azaleengärten, Bambushain und einem Torii (Bild), dem traditionellen japanischen Torbogen. Das Frühjahr wird auch hier mit dem Hanami, dem traditionellen japanischen Kirschblütenfest, gefeiert. Besonders erlebenswert ist eine japanische Teezeremonie, die mehrmals im Jahr im Teehaus zelebriert wird. Farblich besonders reizvoll wirkt der Garten der Glückseligkeit im Herbst, wenn sich die Ahornblätter leuchtend rot färben.

schelkalkfelsen. Zusammen mit den Höhen Wisch (siehe Wandertipp oben) und Wallstieg umgeben sie Creuzburg wie eine Kulisse.

Naturparadies Wacholderheide Während viele Vogelarten in der kalten Jahreszeit nach Süden ziehen, bevölkern Schwärme von Wacholderdrosseln von Oktober bis März die ⟶ **Wacholderheide 22** bei Craula. Auf der Suche nach Beeren und Früchten schwärmen sie umher und verachten auch die Kleintiere des Bodens nicht. Die ausgedehnte Wacholderheide ist zu jeder Jahreszeit ein besonders schöner Teil des Naturparks. Wacholderheiden sind selten geworden und in diesem Ausmaß in Deutschland kaum noch vorhanden. Man erreicht die Wacholderheide über die Bundesstraße B 84 Bad Langensalza–Eisenach, von der in Behringen die Straße nach Craula abzweigt. Vom Nationalpark-Parkplatz Craulaer Kreuz erkennt man bereits die grünblau schimmernden Wacholderbüsche.

Das Kurstädtchen **Bad Langensalza 23** wartet nicht nur mit altem Fachwerk, schönen Portalen und dem lieblichen Friederiken-Schlösschen auf. Zum Kurpark gesellen sich mehrere Themengärten; der Rosengarten und der Japanische Garten sind die interessantesten. Die Blumen- und Rosenzucht war in Langensalza immer von Bedeutung, so sind im Rosengarten neben Raritäten aus aller Welt auch eigene Züchtungen zu bestaunen. Gärten und Parkplätze sind ausgeschildert.

13 Naturpark Dübener Heide

Schmuckstücke der Natur zwischen den Flussauen von Elbe und Mulde

ANFAHRT
Auf der A 9 Berlin–Leipzig bis zur Ausfahrt
Dessau-Ost, weiter auf der Landstraße über
Oranienbaum und Radis nach Kemberg; mit
der Bahn gelangt man nach Bad Düben
sowie nach Bad Schmiedefeld

LAGE
Im Nordwesten Sachsens und im Südosten
Sachsen-Anhalts zwischen Wittenberg,
Eilenburg und Torgau

GRÖSSE
750 km²

HÖCHSTE ERHEBUNG
Hohe Gieck (193 m)

GRÜNDUNG
1992

INFORMATION
Naturpark Dübener Heide
Krinaer Straße 2
06774 Tornau

TELEFON
034243/729 93

INFOHÄUSER
Tourismusverband Dübener Heide
Markt 1
06901 Kemberg
Telefon 034921/203 91

Touristinformation Pressel–TIP
Falkenberger Straße 3
04849 Pressel
Telefon 034243/527 00

INTERNET
www.naturpark-duebener-heide.com

Wer durch einsame Kiefernforste wandert und über die weit geschwungenen Höhen blickt, kann sich kaum vorstellen, dass nur wenige Autominuten entfernt in großen Tagebauen Braunkohle gefördert wird. Der Naturpark spiegelt nicht das Bild blühender Heidelandschaften wider, wie man es von der Lüneburger Heide kennt. Eher könnte die Dübener Heide als eine Waldheide mit einsamen Sümpfen bezeichnet werden. Im Mittelalter verstand man unter Heide unbebautes, wildbewachsenes Land; viele unfruchtbare und karge Landstriche in Mitteldeutschland tragen diese Bezeichnung. So geht die Dübener Heide fließend in die Dahlener Heide, die Noitzscher Heide und die Torgauer Heide über. Erst seit dem letzten Jahrhundert nennt man das Gebiet Dübener Heide. Sie entstand vor etwa 250 000 Jahren in der Saaleeiszeit und wurde erstmals von Hermunduren besiedelt. Ab dem 7. Jahrhundert ließen sich Slawen in der Region nieder. Im Mittelalter kam die Dübener Heide zu Kursachsen, heute gehören zwei Drittel zu Sachsen-Anhalt, ein Drittel zum Freistaat Sachsen. Die ursprüngliche Vegetation mit Traubeneichen und Hainbuchen oder Birken und Kiefern wich einem fast reinen Kiefernbestand. In den noch vorhandenen Feuchtgebieten wie der Presseler Heide oder dem Wildenhainer Bruch gedeihen Erlen und Eschen.

Städte, Schlösser und Gärten Den beschaulichen Marktplatz des mittelalterlichen Städtchens **Kemberg** ❶ beherrschen das dreigiebelige Renaissance-Rathaus, die alte Brauerei und der mächtige Turm der Pfarrkirche Unsere Lieben Frauen. Stattliche Bürgerhäuser aus dem 17. und 18. Jahrhundert gesellen sich hinzu, eingerahmt von einer erhaltenen Stadtmauer aus dem 15. Jahrhundert. Der wahre Schatz des Städtchens, ein Flügelaltar von Lucas Cranach d. J. in der Pfarrkirche, fiel 1994 einem Schwelbrand zum Opfer.

Etwas außerhalb des Naturparks bei **Altjeßnitz** ❷ liegt Deutschlands ältester barocker Irrgarten. Er befindet sich inmitten eines landschaftlich gestalteten Gutsparks mit altem Baumbestand. Das in Größe und Form einzigartige Labyrinth erstreckt sich über 2600 m². Bei einem Gang durch die grünen Heckenschluchten lässt sich leicht nachempfinden, welchen Zau-

*Ein prächtiges Farbenspiel –
das Rote Ufer bei Bad Düben und die
gemächlich fließende Mulde, in der sich das
Blau des Himmels spiegelt*

Weithin sichtbar ist der 70 Meter hohe Turm des barocken Wasserschlosses zu Reinharz.

Ein Kurort zum Wohlfühlen Geschätzt und gern besucht wird das Moor- und Mineralbad **Bad Schmiedeberg** ❹. Das Bild der Stadt wird von Wohnhäusern des 16. bis 18. Jahrhunderts geprägt; Stadtkirche und Rathaus stammen aus dem Barock, sind aber älteren Ursprungs. Schmiedeberg ist bereits seit 1878 anerkannter Kurort, sein Kurhaus wurde um 1900 im Stil der Neorenaissance errichtet. Ein modernes Freizeitbad, die Schwimmoase Basso, ergänzt das Angebot des Kurbades. Als Ausflugsziel lockt der Wurzberg die Kurgäste vor die Tore der Stadt. Mit 182 m ist er eine der höchsten Erhebungen der Dübener Heide – rechnet man den Aussichtsturm hinzu, sicherlich die höchste. Die Gaststätte zu Füßen des Turms trägt den Namen Schöne Aussicht ganz zu Recht.

Am Ufer der Elbe liegt das Eisenmoorbad **Pretzsch** ❺. Wer mit der Fähre übersetzt, hat einen schönen Blick auf das imposante Renaissanceschloss von 1574, das sich glanzvoll aus dem satten Grün der Elbaue erhebt. Den Schlosspark, vom Baumeister des Dresdner Zwingers Daniel Pöppelmann gestaltet, zieren die typischen barocken Elemente eines Landschaftsgartens. Heute ist im Schloss eine Schule mit Internat für hilfsbedürftige Jugendliche untergebracht. Weitere Sehenswürdigkeiten sind ein Rathaus aus dem 18. Jahrhundert und eine spätgotische Hallenkirche.

ber die Landschaftsgärten auf unsere Vorfahren ausübten. Der in der ersten Hälfte des 18. Jahrhunderts angelegte Park und der Irrgarten wurden 2004 aufwendig saniert; erwähnenswert ist auch die im Park gelegene, im romanischen Stil erbaute kleine Kirche, die von mächtigen alten Bäumen umrahmt wird. In einem Waldgebiet westlich Bad Schmiedebergs liegt das von 1690–1701 errichtete ➡ **Wasserschloss Reinharz** ❸. Auffallend ist sein 68 m hoher Turm, der dem früheren Besitzer des Schlosses zum Ausprobieren selbst angefertigter astronomischer Instrumente diente. Nach 1850 entstand der um das Schloss angelegte Landschaftspark; er integriert einzelne barocke Elemente, darunter einen Laubengang aus Hainbuchen, der sich längst zu einer Allee ausgewachsen hat. So schlummert das in die Jahre gekommene Wasserschloss verborgen in der Dübener Heide.

Verborgenes Paradies: Kein Wegweiser führt zum unberührten, urwüchsigen Presseler Heidewald und dem angrenzenden Wildenhainer Bruch.

Im Spätherbst heißt es alljährlich rund um die Dübener Heide: Abfischen! Dann haben die Fischer an den **Lausiger Teichen** ❻ südlich von Pretzsch Hochsaison. Die Netze werden ausgelegt und mit viel Kraft und Geschick ans Ufer gezogen. Gefüllt sind sie vor allem mit Karpfen, aber auch Welse, Hechte, Schleien und Zander verfangen sich im Maschenwerk. Keinesfalls fehlen darf nach jeder Fischernte natürlich der Verkauf und das Verkosten von schmackhaftem Frisch- und Räucherfisch vor Ort – ein Erlebnis!

Historische Streitgespräche Zu Lebzeiten Martin Luthers bewegte man sich meist auf Schusters Rappen durch die Lande. Also marschierte auch der Reformator durch die Heide bei Düben, als er 1519 nach Leipzig zu seinem Kontrahenten Doktor Johann Eck eilte. An einem markanten Findling in der Heide, dem heutigen **Lutherstein** ❼, traf Luther seine Studenten und soll mit ihnen manch angeregtes Gespräch geführt haben. Dieser Stein befindet sich an der heutigen Bundesstraße 2, nördlich der Ortschaft **Tornau** ❽. In unmittelbarer Nähe des Luthersteins kann im Ortsteil Eisenhammer eine Köhlerei besichtigt werden. Einst waren Köhlereien in der Dübener Heide keine Seltenheit; überlebt hat nur diese. Die Anlage trägt zwar durchaus neuzeitliche Züge, doch der angenehme Geruch schwelenden Holzes erinnert an romantische

Lagerfeuer und gemütliche Grillabende. Hier kann man Holzkohle direkt vom Erzeuger erwerben. Der Inhaber der Köhlerei betreibt auch einen kleinen Wildpark, sehr zur Freude der Kinder.

Beim Spaziergang zu einer nur wenige hundert Meter entfernten Beobachtungsstelle entdeckt man an den Bäumen die typischen Nagespuren der Biber. In den Abendstunden können von einem Holzturm herab die sehr scheuen, nachtaktiven Tiere beobachtet werden. Der Biber ist das Wahrzeichen der Region und des Naturparks Dübener Heide.

Sehr sanft wölben sich die Hügel der Moränenlandschaft um Gniest – dass man die Gegend als **Gniester Schweiz** ❾ bezeichnet, scheint fast ein wenig übertrieben. Dennoch: Weiße Birkenwälder, Teiche, Seen, Wiesen und Felder, verstreut liegende gemütliche Heidedörfer und Windmühlen verlocken zu Wanderungen; Ausgangspunkt ist die Waldgaststätte am Ochsenkopf, an der B 2 nach Radis.

Bad Düben ❿ liegt nicht nur in schöner Landschaft, es ist auch kulturell und historisch interessant. Die über 1000 Jahre alte Burg mit dem Landschaftsmuseum gilt als Wahrzeichen der Stadt. 1533 wurde auf der Burg der legendäre Rechtsstreit zwischen Hans Kohlhaas aus Cölln und dem Junker Günther von Zaschnitz verhandelt, ein Prozess, der fast zehn Jahre ganz Sachsen in Unruhe versetzte und die historische Vorlage für die berühmte

Novelle Michael Kohlhaas des Heinrich von Kleist war. 1669 fand in Düben einer der letzten Hexenprozesse statt, und 1813 diente die Stadt Napoleon als Hauptquartier, bevor er in die Völkerschlacht bei Leipzig zog. Seit 1953 ist in der restaurierten Burg das Landschaftsmuseum untergebracht: Es zeigt Spannendes aus der tausendjährigen Geschichte Dübens und dokumentiert ihre Entwicklung von einer Ackerbürgerstadt zur Kurstadt.

Stadt und Burg Bad Düben stehen unmittelbar an der Mulde, einst Flussübergang einer alten Handelsstraße – eine ausgesprochen günstige Lage. Die Auenlandschaft der Mulde ist weitgehend unverbaut, der Fluss kann sich in dem weiten Tal frei entfalten. In den Flachwasserzonen sind Schilf, Rohrkolben und Schwertlilien zu sehen, auf lang gestreckten Kiesbänken brüten Flussregenpfeifer und Flussläufer. An einigen Stellen haben sich steile Prallhänge ausgebildet. Beeindruckend ist das 15 m hohe ⟶ **Rote Ufer** ⑪ im Gebiet des Dübener Stadtteils Alaunwerk. Die rote Farbe kommt vom Färb- und Gerbstoff Alaun, der hier abgebaut wurde.

In der flachen Landschaft der Heide standen früher viele Windmühlen. Die freien Flächen im Norden Sachsens waren und sind ideal für die Gewinnung von Windenergie. Die Bockwindmühle, auch Deutsche Windmühle genannt, ist der älteste Windmühlentyp in Europa. Der gesamte hölzerne Mühlenkasten wird mittels eines Auslegerbaums so gedreht, dass die Mühlenflügel in den Wind stehen. In ⟶ **Authausen** ⑫ sind zwei dieser urigen Konstruktionen erhalten. Die Mühle Fiehn wurde 1846–48 von der Familie Martin erbaut und war bis 1963 in Betrieb, als ein Sturm ihre Flügel zerstörte. Noch älter ist die Mühle Ludwig, die bereits 1713 errichtet und bis 1985 betrieben wurde, in den letzten Jahren allerdings mit Hilfe eines Elektromotors. In der Fiehn-Mühle erläutert eine Ausstellung den Weg vom Getreidesamen bis zum Brot; die Ludwig-Mühle wird nach Abschluss der Restaurierungsarbeiten wieder Korn mahlen und einen Einblick in das traditionsreiche, schwere Müllerhandwerk vermitteln.

Das Herz der Heide Das abgeschiedene Dorf **Pressel** ⑬ scheint außer dem Gustav-Kögel-Wanderweg (siehe Kasten unten) und einem herrlichen Badesee nur wenige Attraktionen zu bieten – und in der Tat will das so nahe gelegene Juwel der Heide entdeckt werden. Kein Schild weist den Weg zum einsamen ⟶ **Presseler Heidewald** ⑭. Eher zufällig stößt man beim Wandern oder Pilzesammeln in der Nähe der winzigen Siedlung Torfhaus auf die Reste einer ursprünglichen Heidelandschaft. Aber auch sie wird mehr und mehr von Birken und Kiefern erobert, es entsteht ein wilder Heidewald. 169 Vogelarten wurden in diesem Gebiet gezählt, von denen 114 hier brüten, darunter 10 Kranichpaare.

Der angrenzende **Wildenhainer Bruch** ⑮ zwischen Torfhaus und Wildenhain, ein Feuchtgebiet mit Pappeln und Erlen, mit Moorfröschen und Tausenden von Erdkröten. Aus der Luft erkennt man noch die Becken, die beim Torfstich angelegt wurden. Das Gebiet darf nicht betreten werden.

GUSTAV-KÖGEL-WEG

Gustav Kögel (1860 bis 1947) aus Pressel ⑬ umwanderte 1894 bis 1896 als Erster den Erdball. Von der Dübener Heide aus ging er nach Nordamerika, wo er 1894 eine Wette annahm, die

Welt in zwei Jahren zu umwandern. Als Preisgeld winkten 10 000 Dollar. Zu den Stationen seiner Reise zählten u. a. San Francisco, New York, London, Lissabon, Madrid, Monaco, Mailand, München, Berlin, Wien, Istanbul, Baku, Mumbai (Bombay), Singapur, Shanghai, Tokio und wieder San Francisco.

Der Fremdenverkehrsverband Dübener Heide hat dieser großartigen Leistung ein Denkmal gesetzt: Rund um Pressel vollzieht ein Wanderweg die Weltreise nach. Er beginnt in der Nähe von Gustav Kögels Geburtshaus, ein Gedenkstein und eine Informationstafel markieren Anfang und Ende. 15 Findlinge auf dem 6 km langen Rundgang tragen die Namen der wichtigsten Stationen auf seinem Weg rund um die Erde.

14 Naturpark Niederlausitzer Heidelandschaft

Schwarze Elster, blaubeerreiche Wälder, violette Heide und grüne Moore

ANFAHRT
Auf der A 13 Berlin–Dresden bis zur Ausfahrt Bronkow und weiter über Finsterwalde nach Doberlug-Kirchhain; mit der Bahn zu erreichen sind u. a. Doberlug-Kirchhain, Bad Liebenwerda, Elsterwerda und Hohenleipisch

LAGE
Im südlichen Brandenburg, nördlich der Schwarzen Elster

GRÖSSE
484 km²

HÖCHSTE ERHEBUNG
Güterbank (153 m)

GRÜNDUNG
1996

INFORMATION
Naturpark Niederlausitzer Heidelandschaft
Markt 20
04924 Bad Liebenwerda

TELEFON
035341/61 50

INTERNET
www.naturpark-nlh.de

Die weite Callunaheide bei Hohenleipisch im Zentrum des Naturparks ist zur Blütezeit eine wahre Pracht.

Die Heide gehört fest zum deutschen Landschaftsbild. Und gerade die Niederlausitzer Heide entspricht unserer Idealvorstellung einer Heidelandschaft. Dabei kennzeichnet das Wort Heide (vom gotischen haithi = Feld) einen Rechtsbegriff, nämlich die von allen Dorfbewohnern genutzten mageren Weiden und Wälder. Der alte Begriff Heide ist also nur begrenzt mit einer Ende August violett aufleuchtenden Heidelandschaft identisch. Diese meist großflächig von Zwergsträuchern wie Erica oder Calluna besiedelten Flächen entstehen durch menschliche Nutzung wie Rodung, Beweidung oder in modernerer Zeit durch militärische Übungen. Wird die menschliche Nutzung aufgegeben, verbuscht die Heide; bald wachsen dann auch wieder Bäume, und die Heide wird zum Heidewald. Pflegemaßnahmen wie der Einsatz von Schafen, aber auch das regelmäßige Entbuschen verhindern ein Zuwachsen der Heideflächen. Der Naturpark wurde auch viele Jahre lang nachhaltig durch den Braunkohlentagebau geprägt, besonders im Nordteil entstanden große steppenartige Bergbaufolgelandschaften.

Vielseitige Altmoränenlandschaft Die Gründung des Zisterzienserklosters ➡ **Doberlug-Kirchhain** ❶ im 12. Jahrhundert spielte eine entscheidende Rolle bei der deutschen Kolonisierung der vormals slawischen Region. Auch stammen viele andere Kirchen im nördlichen Teil des Naturparks aus der Zeit der Zisterzienser. Das barock geprägte Doberlug entstand erst 450 Jahre später. In dieser Zeit erhielt auch die zur Schlosskapelle umgewandelte Klosterkirche ihre barocke Ausstattung.

Am **Rothsteiner Felsen** ❷ durchbricht das Grundgestein die eiszeitlichen Ablagerungen – eine geologische Besonderheit, die gefeiert werden will. Jeweils am 2. Wochenende im Juli eines Jahres findet vier Tage lang eines der größten Volksfeste der Umgebung, das Rothsteiner Felsenfest, statt.

Nach Süden setzt das Urstromtal der Schwarzen Elster dem Naturpark seine natürliche Grenze. Wo die Kleine Elster in die Schwarze Elster mündet, hat sich eine ausgedehnte Niederung mit Bruchwald, Wiesen und Mooren gebildet. Wegen der verschlungenen Altarme und Auwälder wird das Gebiet auch **Kleiner Spreewald** ❸ genannt. Selbst Kahnpartien wie im richtigen Spreewald werden hier angeboten. Eine Wanderung führt von der Elsterbrücke bei Wahrenbrück zum linken Flussdamm und zu einem 2 km langen Wanderweg durch den Kleinen Spreewald, die Markierung: blauer Schrägbalken auf weißem Grund.

Wege in die Heide

Die eigentliche Heidelandschaft liegt zwischen **Hohenleipisch** ❹ und Friedersdorf und kann über einen schmale, waldgesäumte Straße zwischen den beiden Orten erreicht werden. Reizvoller ist jedoch der parallel verlaufende Sandweg, eine lange Birkenallee für Wanderer und Radfahrer, der unmittelbar an der Heide entlangführt. Den Boden bedeckt weitflächig eine Callunaheide, auch Besenheide genannt, die vereinzelt nicht nur rotviolett, sondern auch weiß blüht. Mit etwas Glück begegnet man einem Schäfer, der hier seine Heidschnucken hütet. Der Bereich des ehemaligen Truppenübungsplatzes darf allerdings nicht betreten werden, da

---

ELSTER-RADWANDERWEG

Mit einer schwarzen Elster markiert, begleitet der Weg den ruhig dahinfließenden gleichnamigen Fluss durch den Naturpark. Die Schwarze Elster entspringt am Nordrand des Sybillensteins bei Elstra und mündet nach 190 km in die Elbe. Den Radler erwartet eine abwechslungsreiche, einfach zu fahrende Tour durch verschiedenste Landschaftsräume und typische Städte wie Elsterwerda und Bad Liebenwerda und den Kleinen Spreewald ❸ bei Wahrenbrück. Als Zwischenstation beliebt ist die Elstermühle bei Plessa (Bild) mit ihrem 6 m großen Wasserrad und einer rustikalen Schenke.

---

in dem Gebiet vereinzelt noch Munition gefunden wird. Auf dem Militärgelände blieb einer der größten zusammenhängenden Traubeneichenwälder Deutschlands erhalten, der **Prösaer Forst** ❺, mit bis zu 300 Jahre alten Bäumen. Von Hohenleipisch fahren an Sonn- und Feiertagen Kremserkutschen zum Forsthaus Prösa.

➠ **Pomologischer Schau- und Lehrgarten Döllingen** ❻ klingt sehr wissenschaftlich, man kann aber auch schlicht Streuobstwiesen-Lehrpfad sagen. Pomologie ist die Obstkunde. Die wilden Vorfahren unserer Äpfel, Birnen und Pflaumen stammen aus Mittelasien, die Kirsche gar aus Japan. Schon zur Zeit der alten Römer wurden sie in Deutschland eingeführt. Aber erst Anfang des 19. Jahrhunderts begann man mit der systematischen Kultivierung und Züchtung verschiedener Obstsorten. Der Obstgürtel zwischen Döllingen und Hohenleipisch ist das größte Streuobstanbaugebiet in Brandenburg. Heute begeistert der liebevoll gestaltete Schaugarten besonders Gartenfreunde und Feinschmecker.

Wo einst schwarzes Gold gefördert wurde, befindet sich seit 1977 das Naherholungsgebiet **Grünewalder Lauch** ❼ mit Zeltplätzen und einer Feriensiedlung in waldreicher und ruhiger Umgebung. Ein großer See mit sandigen Stränden lädt zum Baden und zum Wassersport ein, geführte Wanderungen und Radtouren werden angeboten.

15 Naturpark Niederlausitzer Landrücken
Sperlings- und Raufußkauz sind die Wappentiere der Altmoränenlandschaft

ANFAHRT
Auf der A 13 Berlin–Dresden bis zur Ausfahrt Bathow/Calau, von dort in Richtung Luckau und weiter nach Langengrassau, oder auf der B 102 Jüterbog–Luckau nach Langengrassau; Bahnverbindungen nach Luckau und Calau-Plieskendorf

LAGE
Im südlichen Brandenburg

GRÖSSE
586 km²

HÖCHSTE ERHEBUNG
Kesselberg (161 m)

GRÜNDUNG
1997 erweitert

INFORMATION
Naturpark Niederlausitzer Landrücken
Alte Luckauer Straße 1
15926 Luckau/OT Fürstlich Drehna

TELEFON
035324/30 50

INFOHÄUSER
Heinz-Sielmann-Naturparkzentrum
Wanninchen
15926 Luckau/OT Görlsdorf
Telefon 03544/55 77 55

Höllberghof
Heideweg 3
15926 Heideblick/OT Langengrassau
Telefon 035454/74 05

INTERNET
www.mugv.brandenburg.de

Silbergräser auf dünenartigen Sandflächen an den Seeufern bereiten den Boden für bunt blühende Sandheiden.

Auf dem Niederlausitzer Landrücken scheint sich eine besorgniserregende Erblast nun doch zum Guten zu wenden – es wird viel getan, die Konturen der künftigen Landschaften werden erkennbar. Teilbereiche des durch Kohlenabbau seit 1865 stark geschädigten und entstellten Gebietes werden bereits wieder von der Land- und Forstwirtschaft genutzt, mehr und mehr nehmen auch geflutete Tagebaue ihre zukünftige Form an. Hier entstehen Erholungsbereiche an weiten Seen, aber auch Rückzugsräume für die Pflanzen- und Tierwelt. Biologen erkannten sehr früh, dass diese nährstoffarmen, großflächigen und störungsfreien Gebiete ein enormes Potenzial für die Natur haben, und bemühten sich, ihre Vorstellungen in den Sanierungsprozess einzubringen. Inzwischen sind hier wieder Arten vertreten, die andernorts längst verschwunden sind. Etwa ein Viertel des deutschen Bestandes an Schwarzkopfmöwen, einer europaweit gefährdeten Art, brüten hier. Der Grundwasserspiegel steigt ständig und verwandelt die trockenen Bergbaukippen in eine Landschaft mit Seen, Tümpeln und Sümpfen.

Gestern, heute, morgen Über zwei Jahrhunderte in die Vergangenheit versetzt uns der **Höllberghof** ❶ bei Langengrassau. Ein für das Ende des 18. Jahrhunderts typisches Ensemble aus Dreiseitenhof, mit Scheune und Backhaus wurde am Rand der Höllberge nachgebaut. Im Kossätenhaus (Kleinbauernhaus) sind das Informationsbüro und die Höllbergschänke untergebracht. Von April bis Oktober, täglich von 10–18 Uhr, verwöhnt die Schänke ihre Gäste mit regionalen und hofeigenen Spezialitäten.

Auf Vergangenes stößt man auch in ➠ **Luckau** ❷. Den historischen Stadtkern umschließt die mittelalterliche Mauer. Sie hütet die barocken Bürgerhäuser am Markt, die Nikolaikirche und die Georgenkapelle mit ihrem herrlichen Netzgewölbe am achteckigen Hausmannsturm. Hier stört keinerlei Hektik den kleinen Rundgang durch das alte Städtchen.

Auch der ➠ **Kranichbeobachtungsturm** ❸ im Naturschutzgebiet Borcheltsbusch zwischen Goßmar und Freesdorf ist in friedvolle Stille getaucht – außer zur jährlichen Herbstrast der Vögel. Dann sollen vom 15 m hohen Turm innerhalb einer Stunde bis zu 50 000 Stare, 20 000 nordische Gänse und 2000 Kiebitze zu sehen sein. Die Lieblinge der Vogelfreunde sind jedoch Tausende Kraniche, die hier auf den weiten Feldflächen rasten. Etwa vierzig Paare bleiben im Raum Luckau und brüten.

Die Natur erholt sich Wo einst das Dorf ⟿ **Wanninchen** ④ der Braunkohlenförderung weichen musste, steht heute das Heinz-Sielmann-Naturparkzentrum. Über 3000 ha des Abbaugebietes inmitten des Naturparks erwarb die Stiftung, um eine ungestörte Entwicklung für Fauna und Flora zu sichern. Eine unglaubliche Dynamik hat inzwischen eingesetzt, und mit Spannung kann man von verschiedenen Fuß- und Radwanderwegen aus erleben, wie sich neues Leben in dieser geschundenen Natur entwickelt. Im Findlingspark, gleich hinter dem Infozentrum gelegen, erhebt sich ein Beobachtungsturm. Er ermöglicht einen weiten Blick über den Schlabendorfer See. Auch hier soll in Zukunft die Natur zu ihrem Recht kommen. Ein Teil des Schlabendorfer Sees bleibt jedoch der Erholung vorbehalten. Der Stöbritzer See, der Stiebsdorfer See (Angeln erlaubt), der Lichtenauer See und der kürzlich geflutete Drehnaer See sind ebenfalls für die Natur reserviert. Am Drehnaer See entstehen allerdings auch Freizeitanlagen mit einer Motocross-Strecke – ein Spektakel, das in Fürstlich Drehna schon seit 40 Jahren Tradition hat.

Der Drehnaer See bei ⟿ **Fürstlich Drehna** ⑤ mit seinem idyllischen Wasserschloss (1480) in einem herrlichen Lenné-Landschaftspark wird Besuchern zugänglich gemacht. Durch den umliegenden Tagebau von den benachbarten Dörfern abgeschnitten, verlor das Schloss an Bedeutung und erlebt heute sein Comeback. Der barocke Gasthof Zum Hirsch hat sich zu ei-

NATURERLEBNISPFAD WANNINCHEN–HÖLLBERGHOF

Der Weg verbindet auf 16 km Länge sieben schöne Naturlandschaften im Naturpark. Ausgangspunkt ist das Informationszentrum Wanninchen ④. Zur ersten Rast lädt der Görlsdorfer Park mit seinem Gutshaus ein, und in Luckau-Freesdorf gilt es, eine slawische Burgwallanlage aus dem 6./7. Jahrhundert zu erkunden. Nach einem Rundblick vom Kranichbeobachtungsturm ③ gelangt man zum Gehren-Großmarer-Mühlenfließ, einem Naturschutzprojekt zum Erhalt der Mühlentradition. Vom Aussichtspunkt Voßkieten überblickt man die Waltersdorfer Flur mit ihren Obstbäumen, Hecken und Kleingewässern. Im Heidegarten sind auf engstem Raum die typischen Pflanzen der Niederlausitzer Moore und Heiden zu sehen. Mit einer Stärkung im Kossätenhaus wird der Wanderer am Ziel der Wanderung, dem Höllberghof ① (Bild), belohnt.

nem beliebten Fest- und Veranstaltungsort entwickelt, die Brauerei braut nach alten Rezepturen und deutschem Reinheitsgebot das Heimatbier Schlossbräu.

Das Besucherzentrum des Naturparks ist im Gärtnereihaus untergebracht.

Eine schmackhafte Spezialität Ein Ausflug führt zu den **Plinsdörfern** ⑥ Gosda, Zwietow und Weißag südlich von Calau. Der Name verweist auf Buchweizenplinsen, die in dieser armen Gegend früher in vielen Familien täglich auf den Tisch kamen. Waren die Plinsen einst ein Arme-Leute-Essen, werden sie heute als schmackhafte Spezialität in zahlreichen Gaststätten angeboten. Von den Plinsdörfern aus lässt sich die reizvolle **Calauer Schweiz** ⑦ auf markierten Wanderwegen erkunden. Das Naturschutzgebiet beeindruckt durch sein bewegtes Gelände, das sich am Kesselberg bis zu 161 m erhebt.

Die schönen Wälder mit alten Kiefern und Traubeneichen zeichnen sich durch Pilzreichtum aus.

16 Biosphärenreservat Oberlausitzer Heide- und Teichlandschaft Einfach dem Ruf des Seeadlers folgen

ANFAHRT
Auf der A 4 Dresden–Görlitz bis zur Ausfahrt Bautzen-Ost und weiter nach Uhyst; mit der Bahn sind Uhyst, Mücka und Niesky zu erreichen

LAGE
In Ostsachsen, nördlich der Stadt Bautzen

GRÖSSE
301 km²

HÖCHSTE ERHEBUNG
Dauban (176 m)

GRÜNDUNG
1994

INFORMATION
Biosphärenreservat Oberlausitzer Heide- und Teichlandschaft
Dorfstraße 29
02694 Guttau/OT Wartha

TELEFON
035932/36 50

INFOHÄUSER
Friedersdorf
Altfriedersdorfer Straße
02999 Lohsa/OT Friedersdorf
Telefon 035724/510 75

Mücka
Am Sportplatz 231
02906 Mücka
Telefon 035893/506 40

Förderverein für die Natur der OLHT
Alte Schulstraße 8
02694 Guttau/OT Neudorf
Telefon 035932/367 07

INTERNET
www.biosphaerenreservat-oberlausitz.de

Teiche prägen die flache Kulturlandschaft, nur in der Ferne schimmern blau die Höhen des Zittauer Gebirges und des Oberlausitzer Berglandes. Unter sommerlichem Himmel reift das Korn, durchbrochen werden die goldgelben Felder und grünen Wälder immer wieder von Seen und Weihern. Diese Heide- und Teichlandschaft entstand durch menschliche Nutzung. Bereits für das Jahr 1248 ist die Anlage eines Fischteiches urkundlich nachgewiesen. 343 Teiche zählt man allein im Biosphärenreservat, über 1000 sind es im gesamten Gebiet. Es bildet damit die größte Teichlandschaft Deutschlands. Die Kleine Spree und die Spree fließen durch das Biosphärenreservat, speisen einen Teil der Teiche mit ihrem Wasser und ermöglichen Flussbarsch, Barbe, Hecht, Aal und dem vom Aussterben bedrohten Steinbeißer zu wandern. Es waren Slawen, die als Erste das Land kultivierten. Noch heute wird in der Oberlausitz neben Deutsch eine slawische Sprache gesprochen: das Sorbische. Alle Orts- und Straßenschilder sind zweisprachig, viel Wert wird auf die Pflege der sorbischen Tradition gelegt.

Braunkohlenabbau und Binnenfischerei Am Rande eines gewaltigen Braunkohlentagebaus, der seit 1997 geflutet wird, liegt die Gemeinde **Uhyst/Delny Wujezd** ❶. 2007 soll der Bärwalder See 1300 ha umfassen und mit dem geplanten Gesundheitspark und einer Erlebnisbahn, mit Campingplätzen, Wohn- und Ferienhaussiedlungen sowie einem Landschaftskunstprojekt ein Anziehungspunkt für Besucher werden. Südlich des Ortes liegen die Drehnaer Teiche, eine typische Anlage der Oberlausitzer Teichlandschaft. In der Gemeinde **Königswartha/Rakecy** ❷ gibt es über 80 Karpfenteiche mit reicher Vogel-, Tier- und Pflanzenwelt. Das 1350 als königliche Warte zwischen Bautzen und Hoyerswerda gegründete Städtchen blickt auf eine Besiedlung schon während der Bronzezeit zurück. Östlich des Ortes hat man ein prähistorisches Gräberfeld entdeckt. Aus dem Jahr 1780 stammt das im klassizistischen Stil erbaute Schloss, das heute die einzige ostdeutsche Berufsschule für Binnenfischerei beherbergt. In der Oberlausitz ist Fischerei noch immer ein traditionelles Gewerbe. Im Herbst werden die Karpfenteiche abgefischt, eine harte Arbeit. Auch Seeadler, die dann über dem Biosphärenreservat ihre Kreise ziehen,

Stille Gewässer wie der Altdubinteich zwischen Guttau und Wartha beherrschen das Landschaftsbild.

wissen sich ihren Anteil zu sichern. Königswartha feiert das Abfischen jedes Jahr mit einem großen Volksfest, bei dem Räucherfisch und Fischsuppe zu den kulinarischen Höhepunkten gehören.

Zwischen Heide und Schlosspark Die ⟶ **Milkeler Heide** ❸ lieg östlich von Königswartha, ein weitgehend unbesiedeltes Gebiet. Während die Gewässer überall gegenwärtig sind, scheint sich

In die Heidelandschaft übergehend wurde der Schlosspark von **Milkel/Minakal** ❹ angelegt, ganz im Sinne des berühmten Gartenarchitekten und Schriftstellers Fürst Pückler-Muskau (1785 bis 1871). Mit seinem schönen Altbaumbestand ist der Park ein Kleinod in der Heide- und Teichlandschaft. Und das dazugehörende Schloss – seine beiden Rundtürme erinnern an die Moritzburg bei Dresden – kann als eines der schönsten in der Oberlausitz gelten. Es entstand um 1720 an der Stelle einer Wasserburg aus dem 12. Jahrhundert. Seit 1998 befindet sich das Schloss in Privatbesitz, der Park bleibt aber weiterhin für die Öffentlichkeit zugänglich.

Zwischen den Ortschaften **Mücka/Mikow** ❺ und **Kreba/Chrjebja** ❻ wurde ein Naturerlebnispfad zur Landschaftsgeschichte der Oberlausitz angelegt. Zu entdecken sind auf dem insgesamt 8,5 km langen Rundwanderweg u.a. eine verschwundene Flussschlinge, die Überreste eines Mammuts und die natürliche Klimaanlage eines Erlenbruchwaldes. An der Station

Wie in alten Zeiten: In Guttau und den umliegenden Dörfern bauen Störche auf Schornsteinen ihre Nester.

die Heide hinter den Kiefernwäldern zu verstecken. Ein schöner Spaziergang führt von Halbendorf in die Heide. Am Ortsausgang Richtung Klix biegt man rechts in eine Wohnstraße ab, 200 m sind es bis zu einem mit Linden bestandenen Rondell. Ein sandiger, etwa 1 km langer Weg führt dann am Waldrand entlang bis zur Heide. Besonders beeindruckend ist dieser Spaziergang im August und September, wenn das tiefe Violett der Heideblüte das Weiß der Birken noch intensiver aufleuchten lässt.

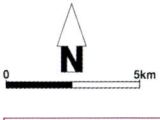

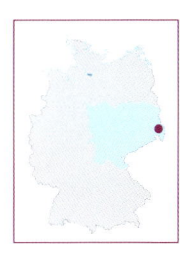

Zeitreise in Mücka werden auf einer Strecke von 400 m die letzten 160 000 Jahre anschaulich zusammengefasst. Der Erlebnispfad kann auch in kürzeren Teilabschnitten erkundet werden, die gut mit Kinderwagen oder von Rollstuhlfahrern genutzt werden können.

Faszinierende Wasserwelten Eine gute Gelegenheit zur Vogelbeobachtung bietet der **Tauerwiesenteich** ❼. Von einem Turm sind die Brutplätze von Seeschwalben auf einer kleinen Insel zu entdecken. Der Turm ist von

Wunderschöne Herrensitze und Schlösser, wie hier in Milkel, stehen im Mittelpunkt mancher Oberlausitzer Dörfer.

dem hübschen Dorf Förstgen in Richtung Tauer zu erreichen. Nach etwa 1 km zweigt nach links ein Waldweg ab. Die Abzweigung ist an drei Birken zu erkennen, ausgeschildert ist die Beobachtungsstelle nicht.

Einen sehr informativen Naturerlebnispfad zur Teichwirtschaft ist in ➠ **Wartha/ Stróza 8** zu erkunden. Ausgangspunkt ist der Parkplatz des Biosphärenreservatzentrums. Der insgesamt 8,3 km lange Weg führt durch die Guttauer Teichlandschaft. Der besonders interessante Bereich für Naturbeobachtungen kann auch von Rollstuhlfahrern erreicht werden (Streckenlänge 2,6 km, ca. 2 Stunden). Welcher Naturliebhaber wäre hier nicht begeistert, am frühen Abend von einem Holzsteg tief im Röhricht den Schilfrohrsängern zu lauschen und im dichten Schilf Frösche zu entdecken? Beobachtungstürme ermöglichen Einblicke in diese verzauberte Wasserwelt mit Seerosen, Wasserhahnenfuß und Tausendblatt, mit Haubentauchern und Fischreihern, die nach ihrer Abendmahlzeit spähen. Weitere thematische Bereiche des Lehrpfades informieren über die Teichwirtschaft (auch von Guttau aus zu erkunden) und die dafür umgestaltete Landschaft. Dieser Teil des Naturlehrpfades erläutert, wie ein benachbarter Braunkohlentagebau rekultiviert wurde, und sich heute unter dem Namen Olbasee großer Beliebtheit als Freizeitanlage erfreut. Ein Klassenzimmer im sorbisch-deutschen Schulmuseum in Wartha/Stróza, nach historischen Vorlagen in Form, Farbe und Gestaltung als Klassenraum vom Ende des 19. Jahrhunderts rekonstruiert, dürfte die Neugier von Schülern und Lehrern wecken.

Eine Erkundung der Guttauer Teiche wäre nicht vollständig ohne den Besuch des Informationszentrums Sächsische Teichwirtschaft in ➠ **Guttau/Hucina 9**. 1999 öffnete das Fischereimuseum in der Nähe von Herrenhaus und Kirche in der Dorfmitte seine Pforten. Den Schlüssel zur Ausstellung erhält man in der Verkaufsstelle des Ortes, hinter der Kirche. Die kleine Mühe lohnt sich, da die Ausstellung nicht nur liebevoll gestaltet ist, sondern auch ausgesprochen informativ über die Teiche, Zucht und Abfischen, das Verarbeiten der Karpfen, aber auch über Geschichte und Leben der Oberlausitzer Fischer berichtet. Die Guttauer Teiche werden vom Löbbauer Wasser und vom Alten Fließ durchströmt, der Wasserzufluss zu den unterschiedlich großen und tiefen Aufzuchtteichen kann reguliert werden. Am Zulauf befinden sich die Wärmeteiche, die das Wasser für die kleinen, mit Gras und Wasserpflanzen bewachsenen Laichteiche vorwärmen. Zur Aufzucht der Karpfen sind die Teiche etwa 1 m tief, für die Überwinterung der Setzfische müssen sie allerdings eine Tiefe von 3 m besitzen. Auch der Naturschutz ist hier ein Thema: Um die Wanderung verschiedener Fischarten zu ermöglichen, hat man zahlreiche Wasserwehre durch raue Rampen ersetzt oder Fischtreppen angelegt. Führungen sind auf Anfrage möglich (Telefon: 035932/311 83).

Von der Lausitzer Natur zur sorbischen Kultur Die Teiche in der Oberlausitz sind eine Kulturlandschaft, also von Menschenhand geschaffen. Doch wird diese Wasserwelt von zahlreichen, auch selten gewordenen Tieren gerne angenommen. Fischotter und Eisvogel leben hier, an kleinen Fließgewässern brütet sogar die seltene Gebirgsstelze, eine enge Verwandte der bekannten Bachstelze. Durch die leuchtend gelbe Brust ist die Gebirgsstelze aber leicht von jener zu unterscheiden. Und in fast jedem Ortsteil der 14-Dörfer-Gemeinde **Malschwitz/Malesecy** ⑩ am südlichen Rand des Biosphärenreservats brütet jedes Jahr ein Weißstorchenpaar. Das Wahrzeichen der Gemeinde jedoch ist die über 800 Jahre alte Rieseneiche an den Niederguriger Teichen. Sie beeindruckt mit einem Stammdurchmesser von 9,50 m. An der B 156 Bautzen–Uhyst liegt vor der Brücke Niedergurig rechts ein kleiner Parkplatz, von dort sind es nur 300 m bis zu dem Naturdenkmal.

Auch ⟶ **Bautzen/Budyšin** ⑪, das sorbische Zentrum der Oberlausitz, ist eng mit dem Biosphärenreservat verbunden. Ein markanter Blickfang der 1000-jährigen Stadt sind die vielen Türme, die hoch über das Tal der Spree aufragen. Der schönste Turm ist die Alte Wasserkunst von 1558. Er versorgte die Stadt mit Wasser, denn der mächtige Granitfelsen, auf dem die Altstadt erbaut wurde, machte das Graben eines Brunnens unmöglich. Durch ein ausgeklügeltes System wurde Wasser aus der Spree durch hölzerne Rohrleitungen bis in einen Brunnen in der Nähe des Rathauses und

des Domes gepumpt. Nach dem Überlaufprinzip in etliche tiefer gelegene Brunnen und Zisternen konnte das Wasser dann in der Stadt verteilt werden. Diese technische Glanzleistung zeigt, dass man schon früh in der Oberlausitz die Bedeutung des Wassers erkannte und nutzte. Erst 1965 wurde die Alte Wasserkunst stillgelegt und 1982 bis 1984 restauriert; heute kann sie als technisches Museum besichtigt werden. Der schöne Ausblick auf die liebevoll sanierte Altstadt mit ihren verwinkelten Gassen, dem Hauptmarkt mit dem barocken Rathaus und den schönen Patrizierhäusern sowie die 1000-jährige Ortenburg lockt auf die Zinnen des Turmes.

Im Sommer präsentiert sich im Schlosshof der Bautzener Theatersommer mit einem bunten Sommerprogramm. Das Deutsch-Sorbische Volkstheater Bautzen ist Deutschlands einziges bikulturelles Stadttheater. Unbedingt anschauen sollte man sich das Sorbische Museum, das anschaulich über das Leben und die Kultur der Sorben berichtet. Es befindet sich seit 2003 im alten Salzhaus am südlichen Zugang zur Altstadt.

BADESEEN

So viel Wasser wie in der Oberlausitz verlockt natürlich zum Baden. Doch eignen sich die Teiche nur bedingt für einen Sprung ins kühle Nass. Zum Glück gibt es aber mehrere Baggerseen mit sauberem Wasser und herrlichen Sandstränden. Beliebt ist der Olbasee (Bild) bei Wartha ⑧, der sich auch zum Segeln und Surfen eignet. Auch in einer ehemaligen Kaolingrube bei Großdubrau lockt die Blaue Adria mit ihrem Sandstrand.

17 Naturpark Saale-Unstrut-Triasland

Deutschlands nördlichstes Weinbaugebiet – an der Saale hellem Strande

ANFAHRT
Auf der A 2 Berlin–Leipzig bis zur Ausfahrt Naumburg, dann auf der B 180 nach Naumburg und weiter auf der B 180 und der B 176 oder entlang der Unstrut nach Memleben; von Naumburg ist sowohl das Saaletal flussaufwärts als auch das Unstruttal mit der Bahn zu erreichen

LAGE
In Sachsen-Anhalt südlich von Halle/Saale im Gebiet der Landkreise Weißenfels, Merseburg-Querfurt und des Burgenlandkreises

GRÖSSE
1037 km²

HÖCHSTE ERHEBUNG
Seligenbornsberg (356 m)

GRÜNDUNG
1991

INFORMATION
Naturpark Saale-Unstrut-Triasland
Unter der Altenburg 1
06642 Nebra

TELEFON
034461/220 86

INTERNET
www.naturpark-saale-unstrut.de

Eine bemerkenswerte Landschaft. Die Ausläufer der Mittelgebirge schwingen allmählich aus, und zwei geschichtsträchtige Flüsse treffen zusammen: die Saale, über Jahrhunderte Grenze zwischen Germanen und Slawen, und die Unstrut, einst wichtige Marschroute für Völkerschaften und Heere sowie Schauplatz zahlreicher Schlachten. Die Landschaft an Saale und Unstrut präsentiert sich ausgesprochen vielfältig: Da gibt es naturnahe Wälder neben Weinbergen und Streuobstwiesen, Feuchtgebiete in Flusstälern und trockene Lebensräume an den Berghängen. Hier gedeiht eine erstaunliche Vielfalt von einheimischen Orchideen und anderen Wärme und Trockenheit liebenden Pflanzen. Auch die Fledermäuse fühlen sich hier wohl. An vielen Stellen dominiert eine über Jahrhunderte entstandene Kulturlandschaft, besonders der Weinbau prägt weithin das Bild. In der sehr geschichtsreichen, aber vorwiegend ländlichen Region finden sich wertvolle Baudenkmäler von internationalem Rang wie der Naumburger Dom, die Krypta des Klosters Memleben, die Doppelkapelle Neuenburg und die Klosterkirche Schulpforta.

Frühe Kaiser und Astronomen Die sogenannten ersten Kaiser regierten das Land von der uralten ⇒ **Kaiserpfalz Memleben** ❶ aus. Die Kaiserpfalz selbst existiert nicht mehr, doch das Außergewöhnliche des Ortes vermittelt noch immer die nahe Ruine der Klosterkirche, die mit 82 m Länge der Ausdehnung des Magdeburger Doms entspricht. Seit dem 17. Jahrhundert verfallen die Gebäude. Brennende Kerzen verleihen der erhaltenen dreischiffigen Hallenkrypta eine mystische Atmosphäre.

Die 192 km lange Unstrut, ein Nebenfluss der Saale, fließt ab Memleben durch ein enger werdendes Tal. Noch säumen nicht Weinberge, sondern ein langes rotes Band aus Buntsandstein die Ufer. Bei Wangen hat der Fluss in einem weiten Bogen den **Steilhang Steinklöbe** ❷ aus dem Gelände modelliert. Auf einem Uferweg von Wangen her ist der Hang gut sichtbar. Einige der hier wachsenden wärmeliebenden Pflanzen sind für

Hoch über dem grünen Saaletal künden die stolzen Burgruinen Saaleck und Rudelsburg von vergangenen Zeiten.

Die romanische Krypta der ehemaligen Klosterkirche in Memleben gehörte zur Kaiserpfalz Ottos I.

große Bronzescheibe ist rund 3600 Jahre alt und diente nach jüngsten Erkenntnissen der Bestimmung von Sonnen- und Mondjahr. Offenbar besaß der Mensch bereits in der Bronzezeit weitreichende astronomische Kenntnisse. Die Scheibe wurde in einer kreisförmigen Wallanlage mit 200 m Durchmesser gefunden. Diese Anlage gilt als das älteste vorgeschichtliche Observatorium und steht in einer Reihe mit der Steinkreisanlage von Stonehenge. Die Arche Nebra, das neuerbaute multimediale Besucherzentrum nahe dem Fundort, trägt ihrer großen kulturgeschichtlichen Bedeutung Rechnung (Arche Nebra, Telefon 034461/255 20, www.himmelsscheibe-erleben.de). Die originale Himmelsscheibe von Nebra ist jedoch im Landesmuseum für Vorgeschichte in Halle an der Saale ausgestellt.

Das Naturschutzgebiet ➡ **Forst Bibra** ❺ liegt in der reizvollen Landschaft am Höhenzug der Finne mit ihren Muschelkalkhängen zwischen Bad Bibra und Krawinkel. Hier wachsen Laubmischwälder, in denen die seltene Elsbeere mit ihrem sehr harten Holz noch häufig vertreten ist. Sie liebt wie die einheimischen Orchideen die Wärme und einen kalkhaltigen Boden. Je nach Blütezeit können bei einer geführten Wanderung 18 verschiedene Orchideenarten, zum Beispiel der Frauenschuh oder die Fliegen-Ragwurz entdeckt werden. Orchideen-Exkursionen werden von Mitte Mai bis Mitte Juni in den Regionen um Bad Bibra und Balgstädt bei Freyburg durchgeführt (www.saaleunstrut.com, Telefon 034461/220 86).

diese Breiten eine echte Seltenheit. Im Frühling blühen Adonisröschen, im Sommer heimische Orchideen, selbst der stark duftende Diptam ist auf großen Flächen verbreitet.

Flussabwärts bei Nebra setzt sich das bunte Felsband in den **Vitzenburger Hängen** ❸ fort. Auch hier tritt nach Süden der Wärme speichernde Buntsandstein hervor. Auch hier wachsen Pflanzen, die in diesen nördlichen Breiten eher selten vorkommen.

Im Ziegelrodaer Forst, nur 7 km vom Sitz der Naturparkverwaltung Saale-Unstrut-Triasland entfernt, fand man 1999 die ➡ **Himmelsscheibe von Nebra** ❹ – eine archäologische Weltsensation,

zeigt sie doch die älteste konkrete Himmelsdarstellung der Menschheitsgeschichte. Der Weg dieses Schatzes vom privaten Finder in die Hände der Öffentlichkeit wurde zu einem spannenden Krimi, der durch die Medien ging. Erst im Februar 2002 gelang es, den Fund in Basel sicherzustellen. Die 32 cm

Von Schloss Burgscheidungen genießt man die Aussicht auf den italienischen Schlosspark und das weite Unstruttal.

Prachtbauten vor herrlicher Landschafts-kulisse Schloss Burgscheidungen ⑥ wurde auf den Grundfesten einer mittelalterlichen Burg errichtet und mehrfach umgebaut. Mit seinem italienischen Park ist es ein beeindru-ckendes Ensemble aufeinander abgestimm-ter Architektur des Barock. Den großen Bal-kon des Schlosses mit Blick in das Unstruttal tragen grinsende Steinhäupter. Terrassenför-mig geht der Park allmählich in die natürliche Landschaft des Unstruttals über, geschmückt mit Skulpturen sowie einer künstlichen Grotte. Flussabwärts verengt sich das Tal der Unstrut, die Hänge rücken näher an das Ufer heran, auf schmalen Terrassen wächst Wein.

Das Zentrum des Weinanbaus an Saale und Unstrut ist **Freyburg** ⑦. Im Keller des kleinen Freyburger Doms lagert ein 120 000-Liter-Weinfass. Der ostdeutsche Champagner, Sekt der Rotkäppchen-Kellerei, gilt als Wahrzei-chen der Stadt. Weniger bekannt ist Freyburg als Heimat des Turnvaters Friedrich Ludwig Jahn; in seinem ehemaligen Wohnhaus wurde ein Museum zu seinem Gedenken ein-gerichtet. Hoch über dem Winzerstädtchen Freyburg erhebt sich die mächtige Neuen-burg mit dem weithin sichtbaren Bergfried Dicker Wilhelm. Sie ist die größere Schwester der Wartburg, wurde zwischen 1080 und 1090 errichtet und 100 Jahre später erweitert. Architektonische Kleinode sind die spätroma-nische Doppelkapelle, der Fürstensaal und das Museum im Bergfried, in dem auch Doku-mente zum Weinbau ausgestellt sind.

Bei **Großjena** ⑧ mündet die Unstrut in die Saale. Wie eine Krone ruht über den Weinber-gen das Haus des Bildhauers und Malers Max

---

GLOCKENMUSEUM LAUCHA

In der alten Glockengießerwerkstatt des Meisters Ulrich und seiner Nachkommen wurden seit 1732 über 5000 Bronzeglo-cken aus der Grube gehoben, so auch das Geläut des nahen Naumburger Doms. Als man 200 Jahre später das Glockenmuseum Laucha (im Bild die Glockengrube) eröff-nete, musste man eigentlich nur aufräu-men, die Glockengrube freischaufeln und Anschauungsmaterial zusammenstellen. Das Museum liegt in Laucha an der B 176 (zwischen Bad Bibra ⑤ und Freyburg ⑦).

Wie eine Krone über den Weinbergen: das Haus des Künstlers Max Klinger bei Großjena

Klinger (1857 bis 1920), dessen Atelier besichtigt werden kann. Ein 200 m langes Bandrelief am Fuß des Felsens, das Steinerne Bilderbuch von 1722, illustriert die Geschichte des Weinbaus im Unstruttal.

Südlich der Unstrutmündung liegt die durch ihren Dom berühmt gewordene Stadt ➠ **Naumburg 9**. Die spätromanische viertürmige Basilika des Naumburger Doms wurde 1213 begonnen und 1242 fertiggestellt. Weltberühmt sind die lebensgroßen, in Kalkstein gehauenen zwölf Stifterfiguren im Westchor. Der Dom erhebt sich im Nordwesten der Innenstadt, außerhalb des Stadtrings. Schon 1630 entdeckte man bei **Bad Kösen 10** Solequellen – es dauerte jedoch noch etwa 100 Jahre, bis diese für Kurzwecke genutzt wurden. Das 320 m lange und 20 m hohe Gradierwerk und andere Soleförderungsanlagen bilden als Ensemble ein einzigartiges techni-

sches Denkmal. Das Gradierwerk diente ursprünglich der Erhöhung der Solekonzentration und wird heute von den Kurgästen zur Freiluftinhalation genutzt. Aus dem 11. Jahrhundert stammt das Romanische Haus, einer der ältesten Wohnbauten Mitteldeutschlands. Die angrenzende Kunsthalle zeigt die umfangreiche Puppensammlung von Käthe Kruse, die von 1912–50 in Bad Kösen lebte.

In der Klosterschule **Schulpforta 11** bei Bad Kösen haben deutsche Geistesgrößen wie Johann Gottlieb Fichte, Friedrich Gottlieb Klopstock und Friedrich Nietzsche ihre Lateinlektionen gelernt. Besonders sehenswert ist die gotische Kirche des ehemaligen Zisterzienserklosters.

»An der Saale hellem Strande stehen Burgen stolz und kühn« – der Verfasser dieser Zeilen, Franz Kugler, wird dabei an die Ruinen der Burgen ➠ **Rudelsburg und Saaleck 12** gedacht haben. Die Rudelsburg, erstmals 1172 erwähnt, wurde zum Schutz des Saaletals und der hier verlaufenden alten Handelswege errichtet. Erhalten geblieben sind von der Anlage nur die beiden Bergfriede. Der Burghof des Restaurants auf der Rudelsburg lädt zu einer Rast ein (Mo–Sa 12–14 und 17–21.30 Uhr). Nur wenige Wanderschritte entfernt erhebt sich die ebenfalls aus dem 12. Jahrhundert stammende Burg Saaleck. Bis zur Reformation wechselte sie viele Male den Besitzer, dann begann der Verfall. Die Rundtürme erheben sich jedoch noch immer stolz und kühn über der ruhig dahinfließenden Saale.

SAALE-UNSTRUT-WEIN

Schon vor 1000 Jahren schätzten die deutschen Kaiser den Wein vor ihren Pfalzen. Das Weinbaugebiet Saale-Unstrut liegt am 51. Grad nördlicher Breite, für Weinbauern fast schon am Polarkreis. Doch die Natur beschert der Region eine ausgewogene Mischung von Sonne und Kühle, die Jahresdurchschnittstemperatur liegt bei 9,1 °C – bei 1600 Sonnenstunden pro Jahr. Mit nur rund 500 mm Niederschlag jährlich zählt die Weinbauregion zu den niederschlagsärmsten Gebieten in Deutschland. Der Untergrund, meist Muschelkalk, trägt ebenfalls zum Gelingen des Weines bei. Dem Kloster Memleben wurden im Jahr 998 sieben Orte mit Land und Weinbergen geschenkt. In der Folge waren es vor allem die Mönche des Zisterzienserklosters Sancta Maria Schulpforta, gegründet 1137, die den Weinbau an der Saale weiterentwickelten. Heute erblühen die Rebstöcke an Saale und Unstrut auf etwa 600 ha Anbaufläche.

18 Nationalpark Hainich

Auf Augenhöhe mit Buche, Eiche und der seltenen Elsbeere

ANFAHRT
Auf der A 4 Dresden–Bad Hersfeld bis zur Ausfahrt Eisenach-Ost und weiter auf der B 84 bis Reichenbach, von dort über Craula zum Baumkronenpfad; mit der Bahn nach Bad Langensalza und weiter mit Wanderbussen in den Nationalpark

LAGE
Im Westen Thüringens zwischen Eisenach im Süden, Bad Langensalza im Osten, Mühlhausen im Norden und Eschwege im Westen

GRÖSSE
75 km²

HÖCHSTE ERHEBUNG
Alter Berg (492 m)

GRÜNDUNG
1997

INFORMATION
Nationalpark Hainich
Bei der Marktkirche 9
99947 Bad Langensalza

TELEFON
03603/390 70

INFOHÄUSER
Nationalparkzentrum Thiemsburg, Behringen, Berka v.d.Hainich, Harsberg, Kammerforst

INTERNET
www.nationalpark-hainich.de

Sie wird die Mutter des Waldes genannt: silbrig grau der glatte Stamm, spitzgeformte, dunkelgrüne Blätter, eine igelige Hülle um den dreieckigen Samen – die Rotbuche. Das Rot im Namen bezieht sich auf die leicht rötliche Färbung des Holzes, im Unterschied zur Weiß- oder Hainbuche, die einer anderen Familie angehört. Die Buche wird von zahlreichen Frühjahrsblühern wie Märzenbecher und Buschwindröschen, Haselwurz und Seidelbast begleitet. Im April breitet sich ein Teppich von Bärlauch unter den unbelaubten, mächtigen Kronen aus, der würzige Duft von Knoblauch liegt in der Luft. Seit etwa 4000 Jahren gibt die Buche in Deutschland den Ton an, zeitweise waren zwei Drittel des Landes von ihr bedeckt. Der größte zusammenhängende Rotbuchenwald in Mitteleuropa liegt auf dem Höhenzug des Hainich im Westen Thüringens, der 1997 als Nationalpark ausgewiesen wurde. Anders als in vielen anderen Waldgebieten Mitteleuropas sind im Hainich die Waldbestände trotz jahrhundertelanger Nutzung relativ naturnah geblieben. Eingeschlagen wurden nur einzelne, ausgewachsene Buchen, sodass junger Wald nachwachsen konnte. Dieser sogenannte Plenterwald umfasst Buchen aller Altersstufen, aber auch zahlreiche andere Laubbaumarten wie Esche, Ahorn, Linde und die seltene Elsbeere.

Zartgrüner Schleier über dem Kronenmeer Im Sommer des Jahres 2005 wurde der ➠ **Baumkronenpfad** ❶ im Nationalpark Hainich eröffnet. Sehr schnell wurde er die Attraktion für Freunde der Natur. Aufgrund der starken Anziehungskraft des Baumkronenpfades folgte 2008 die Eröffnung des Nationalparkzentrums an der Thiemsburg in unmittelbarer Nähe zum Baumkronenturm. Hier gibt es die Eintrittskarten für den Baumkronenpfad zu kaufen, Besonderheiten des Nationalparks erläutern Ranger, eine Ausstellung lädt ein, hilft, die Geheimnisse des umliegenden Waldes zu entdecken, und eine große Wanderkarte vermittelt die vielfältigen Wandermöglichkeiten in die Umgebung. Die Strecken der Pfade hoch

Wunderbare Aussichten: Der Baumkronenpfad wurde rasch zur Attraktion Nummer eins im Nationalpark Hainich.

in den Wipfeln der Bäume wurden erweitert – von zwei Schleifen zu 238 bzw. 308 Meter Länge ist der Urwald nun aus der Vogelperspektive zu betrachten. Das ist einmalig in Deutschland. Der 44 m hohe Baumturm macht einen bisher unbekannten Lebensraum zugänglich und ermöglicht ungeahnte Erlebnisse zu allen Jahreszeiten – wenn Raureif die Wipfel verzaubert oder wenn der Frühling einen zartgrünen Schleier über die Kronen der Bäume legt. Besonders aber wird der Herbst mit seinen glühenden Farben zu einem unvergesslichen Erlebnis. An mehreren Ruhezonen geben Tafeln Auskunft über die verschiedenen Lebensräume und ihre Bewohner. Am Ende mündet der Pfad auf einer Höhe von 24 m wieder in den Baumturm. Hier hat man die oberste Kronenschicht erreicht und befindet sich auf Augenhöhe mit den Wipfel mächtiger alter Rotbuchen. Der Baumkronenpfad befindet sich im südöstlichen Teil des Nationalparks, etwa 10 km westlich der Stadt Bad Langensalza in Richtung Craula. Das Nationalparkzentrum und der Baumkronenpfad sind ganzjährig geöffnet: April–Oktober, 10–19 Uhr; November–März, 10–16 Uhr, außer am 24. und 31.12. Ein großer, bewachter Parkplatz befindet sich gleich nebenan.

Nach einem Rundgang in luftiger Höhe sieht man den Wald mit anderen Augen. In unmittelbarer Nähe zum Baumkronenpfad steht eine Traubeneiche mit einem Umfang von stolzen 5,45 m und einem Durchmesser von 1,75 m. Sie ist der mächtigste und auch einer der ältesten Bäume des Nationalparks. Schon vor 500 Jahren, als Kolumbus nach Amerika segelte, war diese Eiche ein stattlicher Baum. Vom Parkplatz Thiemsburg führen unterschiedlich lange Wanderwege in den wild wachsenden Wald der Umgebung. Neben dem 3,5 km langen Eichbergweg und dem 10 km langen Steinbergweg empfiehlt sich ein Rundgang auf dem gut ausgebauten,

Mit den ersten wärmenden Sonnenstrahlen erblühen auf dem dunklen Waldboden die weißen Märzenbecher.

3,6 km langen **Naturpfad Thiemsburg ❷**. In anderthalb Stunden lernt man den Bereich rund um den Baumkronenpfad näher kennen. Holztäfelchen mit einem geschnitzten Eichenblatt weisen den Weg. Zudem sind am Parkplatz Faltblätter mit einer Wegbeschreibung erhältlich. Sie liegen von einem massiven Holzdeckel geschützt in einem ausgehöhlten Baumstumpf.

Mit allen Sinnen den Wald entdecken Eines der schönsten Täler im Hainich ist das ➠ **Brunstal ❸** mit einem Erlebnispfad, geeignet für behinderte Menschen sowie Eltern mit Kinderwagen; die Erläuterungen sind auch in Blindenschrift dargestellt. Der Pfad ist vom Parkplatz Fuchsfarm bei Mülverstedt durchgängig barrierefrei ausgebaut. In der Wildkatzenhöhle werden dem Besucher diese scheuen Waldbewohner nähergebracht, eine freiliegende Baumwurzel, die Stämme verschiedener Bäume, ihr Holz und die Rinde lassen sich ertasten und nach dem Geruch unterscheiden. Oder man geht auf Spurensuche und lernt die Fährten von Wildtieren wie Dachs, Wildschwein und Reh kennen. Im Frühjahr breitet sich unter den Buchen in der

vom Schmelzwasser noch feuchten Senke ein weißer Teppich aus: Hier blühen ungewöhnlich viele Märzenbecher. Gleichzeitig erwachen Buschwindröschen und Bärlauch aus dem Winterschlaf; Leberblümchen, Lerchensporn und Schlüsselblumen setzen bunte Farbakzente. Der Weg durch das Brunstal hat eine Länge von 3 km, für die man mindestens zwei Stunden einplanen sollte. Nur für gute Läufer geeignet ist der weiterführende Rundwanderweg Saugraben (10,5 km), der durch die ursprünglichsten Partien des Buchenwalds führt. Umgestürzte Baumriesen erinnern an Urwald – Zunderschwamm, Brandkrustenpilz, Buchenstreckfuß und Buchen-Schleimrübling dienen sie als Nährboden. Hat eine gefallene Buche ein Loch in das Blätterdach gerissen, streben bald unzählige junge Buchenschösslinge dem Licht entgegen, der Wald erneuert sich von selbst.

Ein dritter Pfad führt ebenfalls vom Parkplatz Fuchsfarm zu den ➠ **Hünenteichen ❹**, deren Ufersäume im Sommer von gelben Wasserschwertlilien geschmückt sind. Auch für Amphibien sind die Teiche ein idealer Aufenthaltsort. Im flachen Wasser kann man Berg- und Teichmolche sowie Gras-, Laub- und Wasserfrösche beobachten. Als ganzjährig wasserführendes Stillgewässer sind die Hünenteiche eine Ausnahmeerscheinung im Hainich, wo selbst Bäche aufgrund der Bodenbeschaffenheit, poröser Muschelkalk, nur während der Schneeschmelze oder nach Regengüssen Wasser führen. Die Hünenteiche sind nicht natürlich entstanden; vermutlich waren sie ursprünglich die Fischteiche der längst aufgegebenen Siedlung Gräverode. Bis zum Dreißigjährigen Krieg gab es im Hainich zahlreiche Dörfer. Mit einiger Fantasie kann man in der Nähe der Hünenteiche die Reste der alten Wallanlage Hünenburg erkennen.

Gelbe Wasserschwertlilien säumen die Ufer der Hünenteiche, eine bemerkenswerte Besonderheit im wasserarmen Hainich.

BÄRLAUCH *(Allium ursinum)*

Im Volksmund wird die mit Zwiebel, Schnittlauch und Knoblauch verwandte Pflanze auch Rams, Wilder Knoblauch, Waldknoblauch, Hexenzwiebel oder Latschenknofel genannt. Mit einer Höhe von etwa 20 bis 50 cm und den vielen weißen, sternförmigen Blüten ist der Bärlauch kaum zu übersehen, noch weniger zu überriechen. Für Bären war diese Pflanze eine erste Nahrung nach dem Winterschlaf, davon leitet sich wohl der Name ab. Ein typischer Frühjahrsgeophyt (Bodenblüher), endet sein Wachstumszyklus nach dem Abblühen, und die Pflanze zieht sich allmählich wieder in die Erde zurück. Seit einigen Jahren erlebt der Bärlauch eine Renaissance; genutzt werden vorwiegend die frischen Blätter, als Gewürz oder Gemüse in der Frühjahrsküche, denn durch Erhitzen verliert der Bärlauch viele Geschmacksstoffe und büßt seinen hohen Vitamin-C-Gehalt ein.

KÄFEREXKURSION

Schier unüberschaubar ist die Vielfalt der Käfer im Hainich, sie sind das Aufräumkommando des Waldes. Unter ihnen findet man zahlreiche holzbewohnende Arten, die besonders wichtig für die Zersetzung der alten, umgestürzten Bäume und somit für die Erneuerung des Waldes sind. Für über 400 der bisher rund 1860 im Nationalpark Hainich nachgewiesenen Arten sind die totholzreichen Bestände ein wahres Paradies. Der Nationalpark bietet zahlreiche geführte Wanderungen an, die bereits ab Februar beginnen: eine Wildnistour mit der Nationalparkwacht, Brainwalk im Urwald, die Natur im Winterkleid, eine Nachtwanderung, Spechte – Baumeister des Waldes oder eine Käferexkursion, bei der die Insekten mit dem Schlagschirm (Bild) gesammelt und danach bestimmt werden.

Die südlichen und nördlichen Waldsäume des Hainichs gehen in weite Freiflächen über. Sie entstanden durch militärische Nutzung und wurden jahrzehntelang durch Schafbeweidung offengehalten. Das ehemalige Übungsgelände ist sorgsam von Munition geräumt und dient nun als Kinderstube für einen künftigen natürlichen Buchenwald.

Am Zollgarten ❺ lässt sich verfolgen – wenn auch in Zeitlupe –, wie nach und nach ein Wald entsteht: Zuerst wurden die Freiflächen von Gräsern und Sträuchern besiedelt; inzwischen haben sich neben den Büschen und Hecken junge Bäume einen Platz sichern kön-

nen, hier ein Obstbaum, dort in einer feuchten Senke eine junge Esche, an den Waldrändern die ersten Buchenschösslinge. Es wird jedoch noch ein halbes Menschenleben dauern, bis man hier durch einen natürlich gewachsenen Buchenwald wandern kann.

Sagenhafte Artenvielfalt Von der geräumigen Beobachtungskanzel der Freifläche Zollgarten genießt man den Blick weit über das Thüringer Becken, vom Gesang der Feldlerche und Goldammer begleitet. Im dornigen Gesträuch entdecken Vogelfreunde den Neuntöter; auch sein seltener Verwandter, der

Das Ihlefelder Kreuz – ein mannshohes Steinkreuz mit einer geheimnisvollen Geschichte und rätselhaften Zeichen.

An der eigentümlich
gewachsenen Bettel-
eiche treffen sich
mehrere Wander-
wege.

Raubwürger, wird im Hainich noch relativ oft angetroffen. Vom Blütenreichtum auf den Freiflächen profitieren Stieglitz und Bluthänfling. Im Winter sind die Wiesen den umherziehenden Vogelschwärmen eine willkommene Nahrungsquelle. An warmen Standorten hat sich Halbtrockenrasen gebildet, hier wachsen Echte Primel, Silberdistel, Thymian, Fransenenzian und Tausendgüldenkraut; der Große Eisvogel und der Große Schillerfalter gaukeln über das Blütenmeer. Weitere interessante Freiflächen sind von den Parkplätzen Weberstedt (Erlebnispfad Weberstedt 4,5 km), Thiemsburg (Steinbergweg 10,5 km) und Kindel nördlich von Eisenach (Nachtigallenweg 2,5 km) zu erreichen. Unüberschaubar ist die Vielfalt der Käfer. Für holzbewohnende Käferarten, zu denen über 400 der 1860 im Nationalpark nachgewiesenen Arten gehören, ist der Hainich ein wahres Dorado. Schon ausgestorben geglaubte Käfer und viele, auf der Roten Listen registrierte Arten, belegen eindrucksvoll die Bedeutung von Totholz.

Ausgerechnet eine Eiche Das Wahrzeichen des Buchenwald-Nationalparks ist eine Eiche. ⇒ **Betteleiche** ❻ wird der skurril geformte Baum genannt und steht nahe der historischen Rodungsinsel Ihlefeld auf der Hochfläche des Hainichs. Von 1443–1525 bestand hier eine Außenstelle des St. Katharinenklosters in Eisenach. Um milde Gaben der Reisen-

den bittend, brachten die Bettelmönche an der Eiche einen Kasten an – daher der Name. Auf den Grundmauern des Klosters wurde später ein Forsthaus errichtet, eine kleine Siedlung entstand. 50 m von der Betteleiche entfernt bietet eine Hütte Schutz und an Wochenenden von April bis Oktober auch eine einfache Verköstigung.

Der Hainich war keineswegs immer ein abgelegenes Waldgebiet. Schon aus der Zeit der fränkischen Könige vom 6. bis zum 10. Jahrhundert sind acht Fluchtburgen bekannt, Wallanlagen mit sichernden Dornenhecken umgeben. Auch im weiteren Verlauf des Mittelalters gab es zahlreiche Siedlungen, die dann aber im Zuge einer Klimaverschlechterung oder von Ereignissen wie dem Dreißigjährigen Krieg wieder verlassen wurden. Als Zeugen der Besiedlung sind einige Steinkreuze geblieben. Das am besten erhaltene steht in einem Waldstück, etwa 1 km östlich der Betteleiche. Das **Ihlefelder Kreuz** ❼ ist 1,80 m hoch und wurde um 1400–1450 errichtet. Das Relief auf der Vorderseite zeigt eine Jagdszene mit einem Bären. Den Bären gibt es hier schon lange nicht mehr, auch Luchs und Biber wurden früh ausgerottet. Den Wolf hingegen jagte man im Hainich bis ins 19. Jahrhundert. Heute trifft man häufig auf Damwild und Wildschweine, auch auf eine kleine Population von zugewandertem Rotwild. Neben den für Laubwälder typischen

Eine Pause einlegen und Naturfreunde treffen bei den netten Hüttenwirten in der gemütlichen Hainich-Baude am Craulaer Kreuz

Bewohnern wie Dachs, Fuchs und Steinmarder, Eichhörnchen und Siebenschläfer findet man in den totholzreichen Gebieten dreizehn Fledermausarten sowie die scheue Wildkatze. Oberhalb der Nationalparkgemeinde Berka vor dem Hainich befindet sich der schon im 13. Jahrhundert urkundlich erwähnte Gerichtsplatz **Mallinde** ❽. Nach altem germanischem Brauch wurden im Mittelalter Gerichtsversammlungen unter freiem Himmel unter einer Linde abgehalten. Von der Mallinde führt der Erlebnispfad Silberborn zur Silberbornlinde – ein eindrucksvoller, uralter Baum, in seiner Mitte schon völlig ausgehöhlt. Unterhalb des steilen Hanges lag einst die Siedlung Sulzrieden, salziges Moor. Das Trinkwasser lieferte die oberhalb liegende Quelle Silberborn. Archäologische Ausgrabungen deuten darauf hin, dass es sich um eine der wenigen slawischen Siedlungen in Westthüringen handelt, 1197–1299 urkundlich als Berca minor bestätigt. Im 16. Jahrhundert wird Sulzrieden in Lehnbriefen aber schon als wüst, d.h. aufgegeben, beschrieben. Von Sulzrieden lässt sich eine Wanderung durch das Lange Tal und rund um den Burgberg unternehmen. Nicht nur die grazile Herbstzeitlose, auch Seidelbast, Märzenbecher, Leberblümchen und Anemonen sind eine Augenweide.

Den alten Eilbotenweg von Hütscheroda nach **Behringen** ❾ säumen Skulpturen, die sich mit dem Thema Natur auseinander-

CRAULAER KREUZ

Ursprünglich war vom Craulaer Kreuz nur der Flurname Vor dem Kreuz geblieben. Heute steht an der Stelle ein nach überlieferten Zeichnungen und Fotos nachgebildetes Steinkreuz, wahrscheinlich zwischen 1570 und 1579 im Gedenken an einen Verunglückten aufgestellt.

Ein Rundwanderweg (Zeichen Craulaer Kreuz – 6,6 km) führt etwa 3,5 Stunden durch das Lange Tal.

Eine Wanderung durch den Sperbersgrund (Zeichen Sperber – 4,5 km) bis zum Wartburgblick durch urwaldartigen Buchenwald dauert 2,5 Stunden.

Der Rennstieg (Zeichen R, kein Rundweg) führt auf dem Kamm des Hainichs entlang, Richtung Süden nach Behringen (9 km) und nach Norden zur Betteleiche (4 km).

Vom Craulaer Kreuz ist ebenfalls der Baumkronenpfad (5 km) und die Thiemsburg (5,1 km) zu erwandern.

In den deutschen Mittelgebirgen leben schätzungsweise wieder 2000 Wildkatzen, nachdem sie bis Mitte des 20. Jahrhunderts als Raubtiere gejagt und vielerorts ausgerottet wurden. Wildkatzen bevorzugen alte Laubwälder mit ausgedehnten Waldrandzonen und maximal 20 cm Schneehöhe. Sie benötigen große, zusammenhängende Gebiete, um stabile Populationen aufbauen zu können. Ihr Erscheinungsbild ist viel massiger und korpulenter als das einer Hauskatze. Ausgewachsen messen sie vom Kopf bis zum Schwanzende bis zu 120 cm und wiegen bis 8 kg. Der Schwanz ist dick und relativ kurz, weist an der Spitze oft eine typische Dreier-Ringelung auf und endet stumpf. Die Augen liegen weit auseinander. Die Vorderpfote hat fünf Zehen (aber nur vier erscheinen im Abdruck), die Hinterpfote vier. Ihre Spuren zeigen keinen Krallenabdruck. Wildkatzen ernähren sich von Kleinsäugetieren, vor allem von Mäusen. Im Wurf befinden sich zwei bis vier, selten sechs Junge, die zwischen März und September zur Welt kommen. Wildkatzen werden 7 bis 10, in menschlicher Obhut bis über 15 Jahre alt.

setzen. Sie entstanden auf den seit 1997 jährlich abgehaltenen Bildhauersymposien im abgelegenen Dorf Hütscheroda. Der 6,5 km lange Skulpturenpfad beginnt im Schlosspark Behringen (an der B 84 gelegen), nahe der Nationalparkinformation Hainich, und führt bis nach Hütscheroda.

In der Ferne grüßt die Wartburg Zum kleinen **Silbersee** ❿ im südlichen Hainich führt der Nachtigallenweg. Fünf Nachtigallen-Brutpaare der Königin der Nacht werden gezählt, die in dichtem, dornentragendem Gebüsch guten Lebensraum vorfinden. Ihr Schlagen erfüllt die warmen Sommernächte. Der Silbersee ist das größte Gewässer im Nationalpark und ein Vogelparadies. Neben Enten, Bless- und Teichhuhn baut auch die Beutelmeise ihre kunstvollen Nester am Ufer, Zugvögel machen hier Zwischenstation auf ihrer langen Reise. In den kleinen Tümpeln rund um den See tummeln sich die seltene Gelbbauchunke und der Laubfrosch. Frei reicht der Blick hinüber zu den blauen Bergketten des nahen Thüringer Waldes mit dem Inselsberg und zu der Silhouette der Wartburg.

Die Fernsicht genießen an dem ehemaligen Gerichtsplatz Mallinde oberhalb des Ortes Berka vor dem Hainich

19 Naturpark Thüringer Wald
Gemächlich dem Auf und Ab des Rennsteigs folgen

ANFAHRT
Auf der A 4 Dresden–Bad Hersfeld bis zur Ausfahrt Eisenach-West, die Anfahrt zur Wartburg ist ausgeschildert; Eisenach ist auch mit der Bahn zu erreichen

LAGE
Im Süden Thüringens zwischen Eisenach, Sonneberg und Saalfeld

GRÖSSE
2082 km²

HÖCHSTE ERHEBUNG
Großer Beerberg (982 m)

GRÜNDUNG
1990

INFORMATION
Naturpark Thüringer Wald
Dorfstraße 16
98749 Friedrichshöhe

TELEFON
36704/709 90

INFOHÄUSER
Altenstein, Bad Blankenburg, Eisfeld, Friedrichshöhe, Gotha, Hörschel, Oberhof, Ohrdruf, Ruhla, Sitzendorf, Sonneberg, Spechtsbrunn, Tabarz, Unterweißbach, Vesser

INTERNET
www.naturpark-thueringer-wald.de

Die Thüringer lieben ihren Thüringer Wald als Urlaubsregion und als Wintersportgebiet – und unzählige Gäste lieben ihn auch. Sie genießen die Natur, die Stille, die zahlreichen Möglichkeiten, zu wandern und Kultur zu schnuppern. Der Name Thüringer Wald bezeichnet den etwa 120 km langen Gebirgszug, der sich von Nordwest nach Südost erstreckt und in das Thüringer Schiefergebirge, die Obere-Saale-Region und den Frankenwald übergeht – in erhabene Wälder des Naturparks eingebettet liegt das Biosphärenreservat Vessertal. Die Scholle des Gebirges misst an der breitesten Stelle nur 20 km, bei Eisenach erreicht sie eine Höhe von etwa 500 m, berührt am Großen Beerberg (982 m) fast die 1000-m-Marke und senkt sich im weiteren Verlauf wieder auf 800 m und darunter. Den Kamm des Gebirges krönt der Rennsteig, der auch die Wasserscheide bildet. Hier weht immer ein kühles Lüftchen, hier trifft man immer auf Wanderfreunde und auf die gemütlichen, bewirtschafteten Bauden, die Berghütten mit der sprichwörtlichen Thüringer Gastlichkeit.

Das Tor zum Thüringer Wald Man kann sich dem Thüringer Wald auf unterschiedlichste Weise nähern. Eine spektakuläre Aussicht bietet sich von den Türmen der ➡ **Wartburg** ❶, seit 1999 Teil des Weltkulturerbes, die weithin sichtbar über dem Städtchen Eisenach thront. Mit Bus oder Auto gelangt man zum Parkplatz direkt unterhalb der Burg. Von dort führt ein viertelstündiger, steiler Treppenanstieg hinauf. Traditioneller überwindet man die Höhe auf den Rücken der Esel, die am Parkplatz auf Reiter warten. Durch eine dreitorige Halle gelangt man in die enge Vorburg. Fachwerkbauten und die alte Ringmauer mit aufgesetzten Wehrgängen aus dem 14. und 15. Jahrhundert ragen steil in den Himmel. Der mittlere Gebäudekomplex aus Neuer Kemenate, Torhalle und Dirnitz (beheizbarer Saal) entstand in den 50er und 60er Jahren des 19.Jahrhunderts im historisierenden Stil und trennt Vor- und Hofburg. Etwa gleichaltrig ist der Bergfried mit dem Kreuz. Wie alle jüngeren Bauwerke steht auch er auf den Fundamenten einstiger Vorgänger. Der Süd- oder auch Pulverturm hingegen

Stolze Schönheit – die viel besuchte und oft besungene Wartburg, seit 1999 Teil des UNESCO-Weltkulturerbes

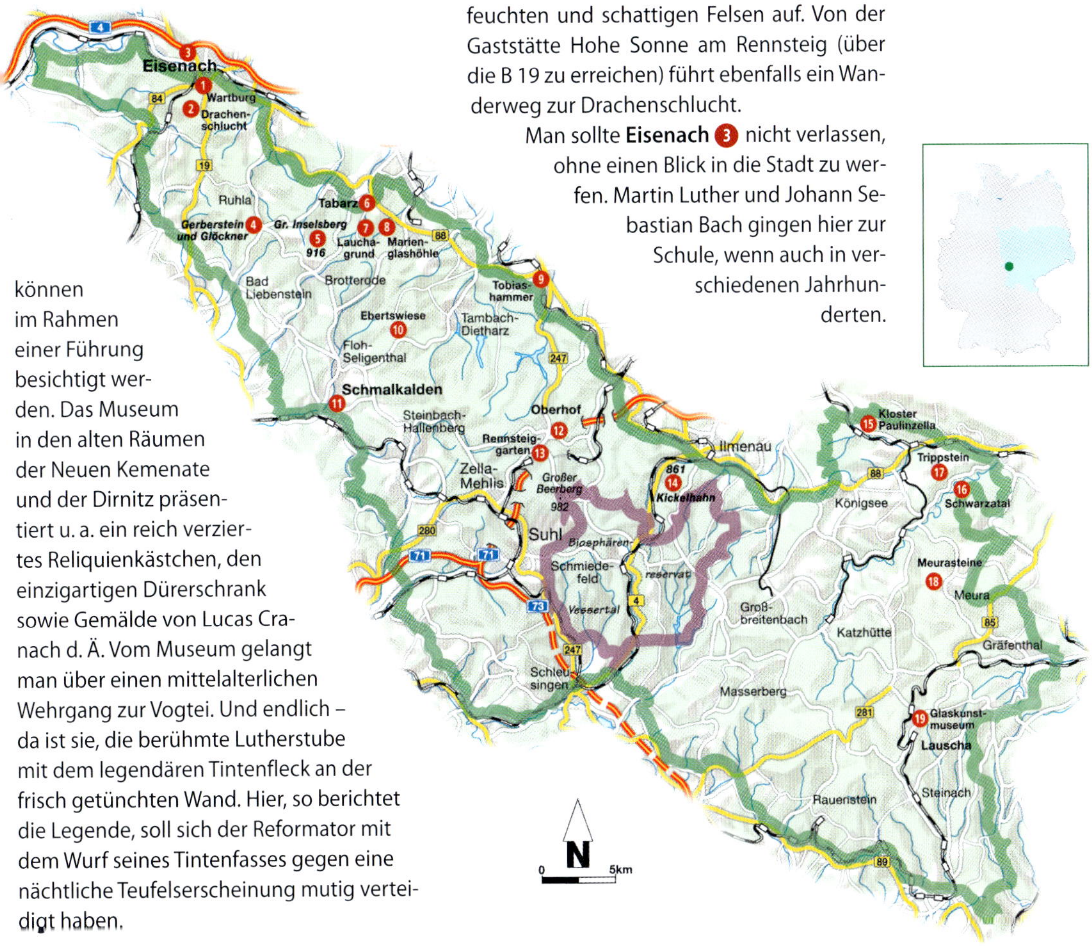

**Auf Drachensuche zwischen hohen Fels-
wänden** Die ➟ **Drachenschlucht** ❷ südlich
der Wartburg beginnt hinter dem Ortsausgangsschild an der B 19 am Waldparkplatz
Sophienaue. Das anfänglich offene Kerbtal
verengt sich zu einer von 10 m hohen Felswänden gesäumten Schlucht. Seit 1832 kann
man sie auf einem Bohlenweg über dem
brausenden Bach durchwandern. Auch wenn
hier keine Drachen lauern, fällt es nicht
schwer, sich den Ort als Schauplatz für ein Rit-
terabenteuer vorzustellen. An der schmalsten
Stelle misst der Durchgang nur noch 73 cm.
Die Schlucht verdankt ihr Entstehen der Erosion. Der Marienbach hat sie in das harte, 225
bis 245 Millionen Jahre alte Konglomeratge-
stein hineingefressen. Die Spuren der Wasserkraft sind an den Auskolkungen und Strudel-
nischen in der Klamm gut zu erkennen. Wer
Glück hat, bekommt doch noch einen kleinen
Drachen zu Gesicht: Der selten gewordene
Feuersalamander hält sich gern zwischen den
feuchten und schattigen Felsen auf. Von der
Gaststätte Hohe Sonne am Rennsteig (über
die B 19 zu erreichen) führt ebenfalls ein Wanderweg zur Drachenschlucht.

*Die anmutige und
selten gewordene
Arnika wurde zum
Symbol des National-
parks Thüringer
Wald.*

dürfte aus dem 14. Jahrhundert stammen. Er
kann bestiegen werden und bietet einen
herrlichen Blick auf den Thüringer Wald. Der
Palas wurde von 1157–70 als Repräsentiv-
und Wohnbau errichtet. Die Innenräume mit
den Fresken von Moritz von Schwind aus dem
19. Jahrhundert

Man sollte **Eisenach** ❸ nicht verlassen,
ohne einen Blick in die Stadt zu werfen. Martin Luther und Johann Sebastian Bach gingen hier zur
Schule, wenn auch in ver-
schiedenen Jahrhun-
derten.

können
im Rahmen
einer Führung
besichtigt wer-
den. Das Museum
in den alten Räumen
der Neuen Kemenate
und der Dirnitz präsen-
tiert u. a. ein reich verzier-
tes Reliquienkästchen, den
einzigartigen Dürerschrank
sowie Gemälde von Lucas Cranach d. Ä. Vom Museum gelangt
man über einen mittelalterlichen
Wehrgang zur Vogtei. Und endlich –
da ist sie, die berühmte Lutherstube
mit dem legendären Tintenfleck an der
frisch getünchten Wand. Hier, so berichtet
die Legende, soll sich der Reformator mit
dem Wurf seines Tintenfasses gegen eine
nächtliche Teufelserscheinung mutig vertei-
digt haben.

GESCHICHTE DER WARTBURG

Der Legende nach wurde die Wartburg ❶ 1067 von Graf Ludwig dem Springer gegründet. Wachsende Macht und Einfluss ermöglichten um 1155 den Bau eines Palas (Bild), des Hauptgebäudes der Burg. Er gilt als der besterhaltene romanische Profanbau nördlich der Alpen. Der Palas war im Jahr 1206 Schauplatz jenes legendären Sängerstreites, den Richard Wagner zum Thema seiner Oper Tannhäuser machte. Zu dieser Zeit lebte die Landgräfin Elisabeth am Hof. Sie führte ein Leben in Hingabe an die Armen und Kranken und wurde nur vier Jahre nach ihrem frühen Tod heilig gesprochen. Der geächtete und gebannte Reformator Martin Luther verbarg sich 1521 als Junker Jörg auf der Wartburg und übersetzte hier in einem kleinen Stübchen das Neue Testament ins Deutsche. Goethe regte den Wiederaufbau (1838–1890) der seit ungefähr 1600 verfallenden Gemäuer an.

Von besonderem Interesse sind das Bach- und das Luther-Haus, die Einblicke in Leben und Werk der beiden vermitteln.

Über allen Gipfeln ist Ruh' Unterhalb von **Gerberstein** (729 m) und **Glöckner** (619 m) ❹ türmen sich Blockmeere aus mannshohen Granitfelsen auf, mit Buchen, Ebereschen und Ahorn bewachsen. Die Spitze des Gerbersteins überragt die Baumkronen und ermöglicht bei guter Sicht den Blick bis zur Rhön. Beide Gipfel erreicht man vom Parkplatz Glasbachwiese, wo die Straßen von Ruhla, Bad Liebenstein und Brotterode aufeinandertreffen. Ab hier folgt man dem Rennsteig ostwärts und erreicht nach 600 m den Gerberstein; westwärts zum Glöckner sind es etwa 900 m.

Der Rennsteig zieht sich wie ein roter Faden durch den Thüringer Wald. Er führt über den ⟹ **Großen Inselsberg** ❺, den prominentesten, wenn auch nicht höchsten der Thüringer Berge. Diesen Titel kann der Große Beerberg mit 982 m für sich in Anspruch nehmen. Der Große Inselsberg mit 916 m bietet bei klarem Wetter einen fantastischen Blick bis zur Was-

Der steile Anstieg auf den Aschenbergstein wird mit einem grandiosen Ausblick über den Lauchagrund bis hin zum Inselsberg belohnt.

Gut sind die Wander-wege ausgeschildert, wie hier am einzigen Aussichtsturm des Rennsteigs, der Rennsteigwarte bei Masserberg.

serkuppe in der Rhön und nach Norden über das Thüringer Becken hinweg bis zum Brocken im Nationalpark Harz. Seine kahle Kuppe mit den Sendeanlagen ist unschwer aus allen Himmelsrichtungen zu erkennen. Der Rennsteig verläuft unmittelbar über die Kuppe des Inselsbergs, ursprünglich lag hier die Grenze des Herzogtums Sachsen-Coburg und Gotha zu Preußen. Im 19. Jahrhundert, zu Beginn der Rennsteigwanderbewegung, entstanden

FAHRZEUGMUSEUM SUHL

Motorräder, Fahrräder und auch Autos entstanden 150 Jahre lang südlich von Oberhof ⑫ im Thüringer Wald. In den neuen Ausstellungsräumen in Zentrum von Suhl werden 170 Ausstellungsstücke gezeigt und die Geschichte der Traditionsfirma Simson seit ihrer Gründung 1851 nacherzählt. Die auf dem Bild zu sehenden Geländesport-Motorräder waren in internationalen Wettkämpfen äußerst erfolgreich.

daher auf beiden Seiten der Grenze Gasthöfe, wovon Besucher und Wanderer noch heute profitieren. An der Landstraße zwischen Tabarz und Brotterode zweigt eine ausgeschilderte Straße zum Inselsberg ab. Möglich ist auch die Anfahrt mit dem Inselsbergexpress von Tabarz und vom Parkplatz Grenzwiese aus (Oldtimerbus und Ausflugsbahn). Alle gastronomischen Einrichtungen auf dem Inselsberg haben täglich geöffnet; unterhalb der Kuppe am Parkplatz Grenzwiese gibt es eine weitere Gaststätte sowie eine Sommerrodelbahn.

Der kleine Ort **Tabarz** ⑥ am Fuß des Thüringer Waldes ist in Thüringen von jeher ein beliebter Ferienort. Einer der Gründe liegt wohl in der bequemen Zugänglichkeit: Von Gotha gelangt man mit der Straßenbahn, der Thüringer Waldbahn, direkt hierher. Bei Tabarz öffnet sich eine Gebirgslandschaft, die selbst vielen Thüringern unbekannt geblieben ist. Von der Endstation der Thüringer Waldbahn wandert man Richtung ➠ **Lauchagrund** ⑦, mit dem Auto fährt man bis zum Schweizer Haus, wo es Parkmöglichkeiten gibt. Anfangs steigt der Weg durch den Lauchagrund nur sanft an; zwischen den Tannen werden hohe Porphyrfelsen sichtbar. Links zweigt ein Weg zum Roten Turm, einer Felsnadel, ab; der jetzt steile Pfad führt zwischen Schluchten und über Felskuppen in eine fantastische Gebirgswelt. Schon nach einem Kilometer Anstieg erreicht man den Gipfel des Aschenbergsteins.

Fachwerk, wohin das Auge reicht: In Schmalkaldens denkmalgeschützter Altstadt scheint die Zeit stillzustehen.

Der Ausblick von der 60 m hohen Felswand in das Tal und auf den Inselsberg ist überwältigend. Auch Freunde des Klettersports kommen an den Felstürmen des Lauchagrunds auf ihre Kosten. Wanderer können die Höhen über Treppen erklimmen. Weitere Wege führen zu einer Höhle, dem Backofenloch, und zum Felsentor des Torsteins.

Von 1778–1903 wurde in der sehenswerten **Marienglashöhle** ❽ Gips abgebaut und zu Stuckgips weiterverarbeitet. Schon seit 150 Jahren begeistern sich Besucher für die unterirdische Schatzkammer, den Höhlensee und die Kristallgrotte. Der Abbau war 1848 gestoppt worden, um die Pracht der ungewöhnlich langen und transparenten Gipskristalle zu erhalten. Der Name der Höhle geht auf den alten Brauch zurück, Marienbilder mit durchschimmernden Gipsplättchen zu belegen. Die Höhle liegt an der B 88, zwischen Friedrichroda und Tabarz. Es gibt einen Parkplatz und eine Haltestelle der Thüringer Waldbahn.

Der **Tobiashammer** ❾ in Ohrdruf zeigt ein Stück früher Industriegeschichte. Im Thüringer Wald setzte man zu Beginn der Industrialisierung auf die reichlich vorhandene Wasserkraft. Vier riesige Wasserräder bewegen das Hammerwerk noch heute. Dampfmaschinen brachten den Fortschritt; mit 305 t Gewicht und einer Leistung von 12 000 PS ist die Dampfmaschine des Tobiashammers eine der

größten in Europa. Das technische Denkmal steht an der B 247 in Richtung Oberhof/Suhl.

GOETHEWANDERWEG

Auf dem Kickelhahn ⓮ steht man über der Welt, die mit ihrem Treiben und ihren Aufregungen ferner nicht sein könnte. Das empfand Johann Wolfgang von Goethe, der hier eines der schönsten Gedichte der deutschen Literatur, Wanderers Nachtlied, verfasst haben soll. Auch in Stützerbach kommt man an Goethe nicht vorbei, dort weilte er gleich 17-mal. Der Wanderweg beginnt in Ilmenau an der Goethe-Ge-

denkstätte und führt über Manebach, Jagdhaus Gabelbach, Kickelhahn und Hirtenwiese zum Stützerbacher Goethe-Museum im Gundelachschen Haus (Bild).

Ein Meer aus Stein und Blüten Die schönste Bergwiese des Thüringer Waldes konnte früher nur auf einem Knüppeldamm betreten werden, denn die **Ebertswiese** ❿, 24 ha groß und seit 1936 unter Schutz gestellt, ist sumpfig. Sie weist in 900 m Höhe eine sehr abwechslungsreiche Vegetation auf; hier wächst auch das nur in Quellmooren zu findende Breitblättrige Knabenkraut. Benannt wurde die Wiese nach dem ersten Abt des Klosters Georgenthal, Eberhardt, der im Mittelalter die Waldrodung veranlasst hat. Die Ebertswiese entwässert sich in den Bach Spitter, der den 20 m hohen Spitterfall bildet – den höchsten natürlichen Wasserfall im Thüringer Wald. Nach heftigen Regengüssen stürzt das Wasser in drei Kaskaden die Felsen aus Diabasgestein hinab. Ausgangspunkt einer Wanderung zur Ebertswiese und zum Spitterfall (3 km) ist der Berggasthof Nesselhof an der Landstraße von Tambach-Dietharz nach Floh-Seligenthal.

Der Ort **Schmalkalden** ⓫ ist manchem vielleicht aus dem Geschichtsunterricht in Erinnerung geblieben: Der Schmalkaldische Bund war der Zusammenschluss der protestantischen Fürsten gegen den habsburgischen Kaiser Karl V. im Jahre 1531, der mit einer Niederlage im Schmalkaldischen Krieg 1546/47 endete. Seit dieser Zeit scheint sich das Stadtbild wenig verändert zu haben, die gesamte Altstadt steht heute unter Denkmalschutz. Der schöne Altmarkt mit dem spätgotischen Rathaus und der Stadtkirche St. Georg bildet ein kraftvolles Ensemble. Über das Schicksal der Stadt wacht das weithin sichtbare Renaissanceschloss Wilhelmsburg.

Schon im Mittelalter wurde in der Nähe Schmalkaldens Eisenerz abgebaut. 2 km östlich der Stadt liegt im Ortsteil Asbach in den Asbacher Bergen das Schaubergwerk Finsterwalde. Auf 350 m Stollen kann sich der Besucher über die Geologie der Grube und die harte Arbeit unter Tage informieren.

Die Kammlagen des Thüringer Waldes sind im Winter schneesicher und locken zahlreiche Wintersportfreunde nach **Oberhof** ⓬. Das weltweit bekannte Wintersportzentrum bietet schwindelerregende Skisprungschanzen, ein großartiges Biathlonstadion, eine Rennrodelbahn und das architektonisch reizvolle Panorama-Hotel. Die klimatischen Bedingungen in 860 m Höhe mit einer Jahresdurchschnittstemperatur von 4,2 °C sind ideal für Gebirgsflora aller Art und aus aller Welt. Ihnen widmet sich der Rennsteiggarten. Auf dem 7 ha großen Gelände erblühen im Sommer Pflan-

Das Goethehäuschen mit seinem Ausblick auf den Thüringer Wald versetzt in poetische Stimmung.

Vom Frühling bis in den späten Herbst können Pflanzenliebhaber im Rennsteiggarten bei Oberhof lustwandeln.

zen aus den Gebirgen Europas, Asiens, Nord- und Südamerikas, Neuseelands, daneben gibt es einen Thüringer Naturschutzgarten, einen Rhododendrongarten und ein künstlich angelegtes Hochmoor. Im Informationshaus erfährt man alles Wissenswerte über die 4000 Pflanzenarten und den Thüringer Wald. Der Rennsteiggarten liegt etwas außerhalb von Oberhof in Richtung Zella-Mehlis, Parkplätze sind vorhanden.

Poetische Höhepunkte Der Gipfel der Poesie im Thüringer Wald ist und bleibt der berühmte ⮞ **Kickelhahn** ⑭ bei Ilmenau. Die Berghütte, in der Johann Wolfgang von Goethe sein »Wanderers Nachtlied« am 6. September 1780 in die Bretter geritzt haben soll, steht noch bzw. nach einem Brand 1870 wieder. Vom nahen Aussichtsturm, den die Weimarer Großherzogin Maria Pawlowna 1855 errichten ließ, kann man heute wie damals die Ruhe und Gelassenheit der Höhen über alle Wipfel hinweg genießen. Den Kickelhahn erreicht man von Ilmenau aus über die Landstraße Richtung Neustadt am Rennsteig. Am Waldparkplatz (nach 3 km) beim Forsthaus Gabelbach beginnt der steile Wanderweg zum Gipfel. Er ist 1,5 km lang und führt vorbei am Forsthaus mit dem Goethe-Museum. Das Berggasthaus Kickelhahn ist täglich von 10 bis 18 Uhr geöffnet und hält einen Imbiss, preiswert und gut, bereit.

Unbedingt einen Besuch wert ist die Ruine des ⮞ **Klosters Paulinzella** ⑮. Die romanische Säulenbasilika liegt rund 20 km östlich von Ilmenau und wurde nach dem Vorbild von Hirsau im Schwarzwald (Hirsauer Schule) errichtet. Im Jahr 1124 erfolgte die Weihe. Nach der Reformation wurde das Kloster vorerst aufgegeben und verfiel. Paulinzella gehörte den Grafen von Schwarzburg-Rudolstadt. Diese ließen auf dem Klostergelände im 16. Jahrhundert ein Jagdschloss errichten. Heute befindet sich im Schloss ein Museum zur Kloster-, Forst- und Jagdgeschichte des Ortes. Nach Paulinzella führt die Landstraße zwischen Rottenbach (B 88) und Stadtilm. Kloster und Jagdschloss liegen unübersehbar im Mittelpunkt des Dorfes. Parkmöglichkeiten sind vor dem Schloss vorhanden.

Das **Schwarzatal** ⑯ zwischen Schwarzburg und Blankenburg wurde vom Verband Naturfreunde Deutschlands zur Flusslandschaft des Jahres 2006/07 gekürt. Die Schwarza, der 50 km lange, weitgehend unbegradigte Nebenfluss der Saale, ist der ideale Lebensraum für die Westgroppe, den Fisch des Jahres 2006. Ausgiebig kennenlernen kann man das Kerbtal mit seinen steilen Schieferhängen auf dem 38 km langen Heinrich-Cotta-Naturlehrpfad. Von Schwarzburg führt ein Wanderweg durch herrlichen Mischwald auf den 504 m hohen, bekannten Aussichtspunkt **Trippstein** ⑰. Von hier hat man einen herrlichen Blick

RENNSTEIG

Die meistbesungene Wanderstrecke Deutschlands folgt dem Kammweg des Thüringer Waldes. Jedes Jahr machen sich Abertausende Naturfreunde auf den fast 169 km langen Weg. Fünf Tage sollte man für folgende Etappen einplanen:

1. Hörschel–Großer Inselsberg **5** (31,9 km)
2. Großer Inselsberg–Oberhof **12** (29,9 km)
3. Oberhof–Masserberg (37,0 km)
4. Masserberg–Ernstthal (24,6 km)
5. Ernstthal–Blankenstein (45,1 km). Ein gut sichtbares R weist die Route bestens aus; an Übernachtungsmöglichkeiten und Gaststätten mangelt es nicht. Der Artillerieoffizier Julius von Plänckner (1791 bis 1858) aus Gotha lief den Rennsteig erstmals in ganzen Länge ab. Sein Bericht über die Wanderung von der Werra bis zur Saale, damals noch ein unglaubliches Abenteuer, löste eine regelrechte Wanderbewegung aus, die in der Gründung des Rennsteigvereins 1896 gipfelte.

hinunter zur Schwarza und auf das sehenswerte, aber nur noch in Teilen erhaltene Schloss Schwarzburg, das sich stolz über dem Flusstal erhebt.

Versteckt im Wald liegen die **Meurasteine** **18**, von seltenen Flechten, Moosen und Farnen bewachsen. Sie zählen zu den geologisch ältesten (eine halbe Milliarde Jahre) Felsformationen Thüringens. Ein 700 m langer Wanderweg ab dem Ort Meura führt zu dem geologischen Naturdenkmal.

In zahlreichen Glaswerkstätten des Ortes Lauscha kann man noch immer Glasbläsern über die Schulter schauen. Das **Glaskunstmuseum Lauscha** **19** stellt Thüringer Glas vom späten Mittelalter bis in die Gegenwart vor – von den frühen Anfängen des Waldglases über typisch bürgerliche und höfische Prunkgefäße, Spielzeuge, Glasperlen sowie Kunsthandwerk und technisches Glas bis hin zur heutigen modernen Glaskunst. Hier wurde schließlich nicht nur die Weihnachtskugel erfunden.

Um die Entstehung des Klosters Paulinzella rankt eine rührende Sage, zu erfahren am allerbesten vor Ort

20 Biosphärenreservat Vessertal
Wo die Stille allen Lärm des Alltags übertönt

ANFAHRT
Auf der A 4 Bad Hersfeld–Dresden bis zur Ausfahrt Gotha, auf der B 247 nach Oberhof und weiter Richtung Schmiedefeld bis zur Schmücke; Schmiedefeld ist auch mit der Bahn zu erreichen

LAGE
Im Herzen des Thüringer Waldes, zwischen Ilmenau und Suhl

GRÖSSE
170 km²

HÖCHSTE ERHEBUNG
Großer Finsterberg (944 m)

GRÜNDUNG
1979

INFORMATION
Biosphärenreservat
Vessertal-Thüringer Wald
Waldstraße 1
98711 Schmiedefeld am Rennsteig

TELEFON
036782/66 60

INTERNET
www.biosphaerenreservat-vessertal.de

Im Herzen des Thüringer Waldes, unterhalb des Großen Beerberges, liegt das liebliche Vessertal, das dem Biosphärenreservat den Namen gibt. Der Große Beerberg ist die höchste Erhebung des Thüringer Waldes. Von seinem 983 m hohen Gipfel bis in die tiefen Täler wachsen Fichten dicht an dicht. Nur an wenigen Stellen weitet sich der Forst und lässt Raum für Wiesen und Dörfer, deren Häuser mit schwarzem Schiefer ummantelt sind, Moore und Bachläufe gestalten diese harmonische Mittelgebirgslandschaft. Schon 1939 wurde das Gebiet mit den Gipfelmooren des Beerbergs und des benachbarten Schneekopfs sowie das Vessertal unter Schutz gestellt. Weitere Gebiete kamen im Laufe der 1960er-Jahre hinzu: Seiffartsburg, Erbskopf, Reifberg, Marktal und Morast, Harzgrund und der Oberlauf der Gabeltäler. Bis 1979 wurden so neun Naturschutzgebiete mit einer Gesamtfläche von 17 000 ha von der UNESCO ausgezeichnet und als Biosphärenreservat anerkannt.

Die ersten Sommerfrischler Am wald- und wiesenreichen Gebiet der ➡ **Schmücke** ❶ kreuzen sich die Straße von Oberhof oder Schmiedefeld sowie von Gehlberg und Goldlauter kommend mit dem Rennsteig. Vom Parkplatz sind die Gipfel des Großen Beerbergs und des Schneekopfs gut zu erwandern. Ihre hochliegenden Moore werden von Regenwasser gespeist, sie bestehen aus baumlosen Moorflächen mit Wasserlöchern. Das Schneekopfmoor trocknet allmählich aus und wandelt sich langsam zur Heide um.

Drei weitere kleine Schutzregionen sind im östlichen Teil des Reservats die abgelegenen Kern- und Pflegezonen **Oberlauf der Gabeltäler** ❷ sowie **Marktal und Morast** ❸ Mehrere Quellbäche winden sich durch Wiesen mit hohem Pfeifengras, mit Blutweiderich und Pestwurz, im Unterlauf fließen sie radial zusammen. Der Morast oberhalb des Marktals ist ein etwa 1 m starkes Hochmoor im Anfangsstadium. Diese interessanten Naturschutzgebiete erreicht man vom Parkplatz Dreiherrenstein an der Straße Ilmeau–Neustadt.

Der beliebte Urlaubsort ➡ **Schmiedefeld** ❹ am Rennsteig liegt auf einer Höhe zwischen 680 und 944 m. Er kann auf eine 600-jährige

Anmutig schlängelt sich die Vesser durch die stimmungsvolle Landschaft des Biosphärenreservats.

Geschichte zurückblicken. Bereits vor 100 Jahren trafen die ersten Sommerfrischler mit der eben gebauten Eisenbahn hier ein. Aber auch für Wintersportler ist Schmiedefeld ein lohnendes Ziel, ebenso wie für die Teilnehmer des Rennsteiglaufs, eines alljährlichen Cross-laufs über die doppelte Marathondistanz. Der Infogarten des Biosphärenreservats Vessertal in Schmiedefeld ist von Anfang Mai bis Ende September geöffnet.

Die Kernzone des Biosphärenreservats, das **Vessertal** ⑤, ist vollständig geschützt, also von jeglicher Bewirtschaftung ausgenommen. Die Vesser entspringt am Großen Eisenberg, fließt schnell hinab durch steil abfallende, grashohe Wiesen, windet sich durch naturnahen Buchenhallen- und Bergmischwald in ein sanftes Tal. Die Bachufer werden von üppiger Vegetation beschattet und sind sommerkühl. Im unteren Bachabschnitt strömt das Wasser ruhiger, Bachforellen tummeln sich, Libellen und Schmetterlinge flattern von Blüte zu Blüte. Hier ist Stille hörbar. Das anheimelnde Dorf

➡ **Vesser** ⑥ bietet sich als Ausgangspunkt für Wanderungen und Touren durch das Biosphärenreservat an. Die schiefergedeckte Fachwerkkirche bildet den Dorfmittelpunkt, einladende Wirtshäuser locken die Gäste mit bester Verpflegung und Unterkunft. In der Kirche von Vesser regt eine Ausstellung an, das Gebiet einmal mit anderen Augen zu ent-

decken. Dazu gibt es Tipps zum eigenen Erleben der Landschaft. Die Kirche ist täglich von 10–16 Uhr geöffnet.

Auf den Spuren des Bergbaus Eine Wanderung auf dem **Bergbaupfad** ⑦ entlang dem oberen Vessertal vermittelt Spannendes. Aufgrund der geologischen Eigenschaften des Gebietes lohnte sich im Vessertal der Abbau von Erzen. Bereits im Jahr 1406 wird ein Eisenhammer an der Vesser bei Breitenbach erwähnt. Bis ins 19. Jahrhundert gewannen die Crux genannten Gruben an Bedeutung. Die Gelbe Crux baute Schwefelkies ab, die Rote Crux Roteisenstein, in der Schwarzen Crux gewann man Magneteisenstein. Hier befindet sich heute eine beliebte Ausflugsgaststätte, die mit dem Auto auch von der Landstraße Suhl–Schmiedefeld erreicht werden kann.

Am Ende des Vessertals, am Ortseingang von **Breitenbach** ⑧, steht die ehemalige Sensenhammermühle, heute ein Forsthaus. Breitenbach war in früheren Zeiten ein sogenannter Waldort. Noch bis in das 20. Jahrhundert hinein lebten die Bewohner des schon 1144 erwähnten Dorfes hauptsächlich von Waldarbeit, Köhlerei, Landwirtschaft und Weberei.

Grau glänzt das Schieferdach auf der kleinen Fachwerkkirche in Vesser.

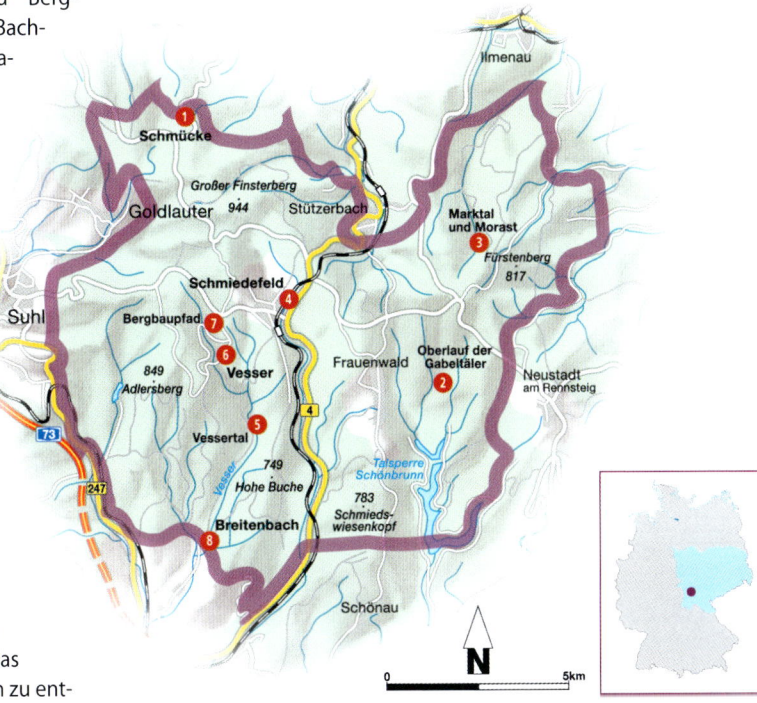

21 Naturpark Haßberge

Perlen des Naturparks – Burgen, Schlösser, Kirchen und kühler Wein

ANFAHRT
Auf der A 71 Schweinfurt–Erfurt bis zur Ausfahrt Bad Neustadt a. d. Saale, weiter auf der B 279 nach Bad Königshofen-Ipthausen; mit der Bahn erreicht man Zeil am Main

LAGE
Im nördlichen Bayern zwischen Thüringer Wald, Rhön und Maintal

GRÖSSE
804 km²

HÖCHSTE ERHEBUNG
Nassacher Höhe (506 m)

GRÜNDUNG
1974

INFORMATION
Naturpark Haßberge
Am Herrenhof 1
97437 Haßfurt

TELEFON
09521/272 24

INFOHÄUSER
Ritz in Eltmann
Marktplatz 7
97483 Eltmann am Main
Telefon 09522/899 70

Tourist-Information Haßberge
Obere Sennigstraße 4
97461 Hofheim
Telefon 09523/922 90

INTERNET
www.naturpark-hassberge.de

Wie die Haßberge zu ihrem Namen kamen, ist umstritten; die meisten Heimatkundler neigen zu der Ansicht, dass die Bezeichnungen Haßgau und Haßberg wohl von den Hessen herrühren, die bei der Besiedlung dieser Landschaft ohne Zweifel beteiligt waren. Die ursprüngliche Bezeichnung des Volksstamms war Hassi. Der Haßgau mit seinen gleichnamigen Bergen ist eine unspektakuläre, aber schöne Landschaft, auch fromm, wie die zahlreichen Wegkreuze und Marienstatuen an den Häusern bezeugen. In sanfte Hügel schmiegen sich Dörfer, die Ruhe und Vertrautheit ausstrahlen. Jahrzehnte zollte man diesem Stück Land wenig Aufmerksamkeit, es blieb vergessen und verlassen. Jetzt holen die naturbegeisterten Freunde, Radwanderer und Mountainbiker die Haßberge aus ihrem Schattendasein, entreißen sie ihrem Dornröschenschlaf – ein großes Plus für eine Region fernab von Hektik und großen Industrien, von der Hast des Alltags und dem Lärm des ständigen Verkehrs. Die Haßberge bilden die Fortsetzung des Brudergebirges Steigerwald südlich des Mains. Die beiden bewaldeten Höhenzüge sind von gleichem Gestein, dem Keupersandstein. Für den Westtrauf und das Maintal sind die Wärme liebenden Eichen-Hainbuchen-Wälder und kleine Weinberge charakteristisch. Hier finden sich seltenste Pflanzenarten. Die Flüsse Baunach und Weisach leiten über zum sogenannten Itz-Baunach-Hügelland mit seinem imposanten Anstieg zum Rhät, jenen bizarren Sandsteinformationen mit dem Felsengarten von Lichtenstein. Im Osten werden die Waldlandschaften von den Wiesengründen der kleinen Flüsse Ermetz und Lauter durchzogen. Mehr als die Hälfte der Fläche des Naturparks ist mit Wald bedeckt.

Burgen, Schlösser und Kirchen wie Perlen am Wegesrand Den von Norden kommenden Besucher begrüßt am Rande des Naturparks ein wahres Kleinod fränkischer Rokokokunst: die **Wallfahrtskirche Maria Hilf** ❶ in Ipthausen (einem Ortsteil von Bad Königshofen). Äußerlich sehr schlicht, überrascht sie mit ihrem festlich strahlenden Innenraum. Die Deckengemälde von Georg Anton Urlaub (1713 bis 1759), einem fränkischen Maler im Banne des großen Barockmeisters Tiepolo, erzeugen einen illusionistischen Effekt. Weitere Kostbarkeiten sind eine Pietà (17. Jahrhun-

Gesäumt von alten Bildstöcken führt von Bad Königshofen der Weg durch das Saaletal hinauf zur Wallfahrtskirche Maria Hilf.

Unter den zahlreichen Schlössern und Burgen im Naturpark Haßberge ist das Wasserschloss Brennhausen besonders bemerkenswert.

dert) und das Vortragekreuz für Prozessionen. Im benachbarten **Eyershausen** ❷ wurde die katholische Pfarrkirche vom selben Künstler kaum weniger prächtig ausgestaltet.

Bad Königshofen ❸, das vor den Grenzen des Naturparks liegt, ist mit seinem historischen Marktplatz und dem Vorgeschichtsmuseum einen Besuch wert. Glanzpunkte der Sammlung sind die reichen Grabausstattungen der Hallstattzeit und Funde von befestigten Höhensiedlungen. Spielend werden Kinder mit der Geschichte vertraut gemacht, sie können aus Kupferdraht keltischen Spiralschmuck nachbilden oder Fibeln basteln.

Die Hochflächen der Haßberge schmücken artenreiche Buchen-Mischwälder; schmale Wiesentäler durchziehen sie von Ost nach West. Wollgras, Feuchtwiesen-Knabenkräuter und andere Orchideen sind hier zu finden, und für die Reinheit der Gewässer sprechen die in den Bächen immer noch vorkommenden Steinkrebse. Eine unbereinigte Kulturlandschaft in kleinen Parzellen, mit einem Wechsel von Wiesen und Hecken, Weinbergen und Streuobstwiesen – Mensch und Natur sind im Gleichgewicht.

In dieser abgelegenen Landschaft ist auch das sehenswerte **Wasserschloss Brennhausen** ❹ zu finden. Ursprünglich im 13. Jahrhundert der Sage nach als Kloster erbaut, erinnert es in seiner Kargheit an schottische Towerhouses.

Gut zu finden: die mit Orchideen geschmückte Urwiese bei Unfinden, ein natürliches Kleinod inmitten der Haßberge

Es kann nicht besichtigt werden, doch lohnt sich ein Spaziergang um die dreiflügelige Anlage. Der Weg dorthin ist nicht ausgeschildert (von Sulzdorf in Richtung Königshofen fahren, 200 m vor dem Ortsausgangsschild links in die Brennhauser Straße abbiegen, dann noch 4 km).

Westlich von Sulzdorf liegt der größte natürliche Binnensee Unterfrankens, der **Reutsee 5**, eine Freizeit- und Badeoase. Wahrhaft steinalt ist die **Gerichtslinde von Birnfeld 6** auf der anderen Seite der Haßberge. Den mächtigen Baum umgeben zwei Steinkränze mit sechs und zwölf Säulen. Unter dieser alten Linde fällte bereits vor über 1000 Jahren das Dorfgericht seine Urteilssprüche. Zu den landschaftlichen Höhepunkten der Haßberge zählt die ➠ **Schwedenschanze 7**. Den Berggipfel umgeben ein bis zu 7 m tiefer Graben und ein gut erkennbarer Steinwall, der aus der La-Tène-Zeit (ab 500 v. Chr.) stammt. Ausgrabungen wiesen auch ein keltisches Dorf (Oppidum) nach. Noch im Dreißigjährigen Krieg wurde die 250 m lange und 2,5 ha große Wallanlage als Schutzsiedlung genutzt. 1928 errichtete man einen ersten Aussichtsturm aus Stein und Holz, der 2002 durch eine moderne, 29 m hohe Eisenkonstruktion mit bugförmiger Holzverkleidung ersetzt wurde. Nach einer Wanderung entlang dem Rennweg, der über diese Bergkuppe führt, empfiehlt es sich, den Turm zu ersteigen. Kein Lüftchen regt sich in der Höhe. Dort, wo sich

die Bergketten der Rhön und des Thüringer Waldes in der blauen Ferne verlieren, steigen gewaltige weiße Wolken auf. Aus der Dr.-Krahmer-Hütte am Fuß des Turmes (am Wochenende und an Feiertagen eine willkommene Rastmöglichkeit) tönt Gläserklingen herauf. Vom Ort Eichelsdorf erreicht man die Schwedenschanze auf einer 4,5 km langen Wanderung. Mit dem Auto biegt man am Gasthaus Schwedenschanze (an der Straße Eichelsdorf–Schweinshaupten) auf eine 3 km lange Straße ab, die sich durch den Wald zum Parkplatz windet.

Was das Herz begehrt: Natur und fränkischer Wein Weiter auf dem Rennweg in südöstlicher Richtung stößt man auf einen Felsbrocken. 1317 stand hier Zeysendorf, ist zu lesen. Der Ort wurde im Dreißigjährigen Krieg verlassen, es entstand eine große **Urwiese 8**, auf der die Pyramiden-Spitz-Orchidee und das Stattliche Knabenkraut blühen. Über einen tief eingeschnittenen Hohlweg gelangt man zu dem unter Denkmalschutz stehenden Ort **Unfinden 9**, das Dorf der Maler und Dichter. Historische Zunft- und Familienwappen zieren Fachwerkfassaden. Hier wird seit Jahrhunderten Weinbau betrieben. Eine gute Möglichkeit, fränkischen Wein zu verkosten. Die Urwiese erreicht man nur zu Fuß über den Rennweg, von Unfinden führt der 8 km lange Rundwanderweg (Markierung: Marder) ebenfalls an der Urwiese vorbei.

Der Edelkrebs oder Europäische Flusskrebs ist die größte unter den in Europa heimischen Krebsarten. Die Tiere werden 15 bis 20 Jahre alt. Flusskrebse sind dämmerungs- und nachtaktive Einzelgänger. Früher waren die meisten Binnengewässer von Flusskrebsen besiedelt. Der Bestandsrückgang ist auf naturfernen Ausbau und die Schadstoffbelastung vieler Gewässer sowie das Auftreten der Krebspest zurückzuführen. Heute ist der Flusskrebs vom Aussterben bedroht.

Über diesen Weg gelangt man auch nach ⇒ **Königsberg in Bayern** ❿, die Stadt des Regiomontanus (1437–1476). Der Mathematiker, Astronom und Erfinder hieß eigentlich Johannes Müller und verfasste schon im ausgehenden Mittelalter ein Lehrbuch der Trigonometrie, gründete in Nürnberg die erste deutsche Sternwarte und sagte Mond- und Sonnenfinsternisse richtig voraus. Das Geburtshaus und sein Denkmal zieren den malerisch ansteigenden Salzmarkt. Die gesamte Altstadt von Königsberg mit ihren dekorativen Fachwerkhäusern und schönen Stadttoren steht unter Denkmalschutz. Über ihr thront die Ruine einer alten Stauferburg. Den kurzen Anstieg auf den Schlossberg belohnt ein Besuch in der Burgschenke.

Nicht weit entfernt, an der Straße nach Hohnhausen, erwartet der **Erlebnispfad Natur Haßberge** ⓫ vor allem Kinder. An 13 Erlebnisstationen können sie springen, klettern, auf verschiedenen Untergründen barfuß laufen, Steine bearbeiten, Musik machen und viel über Tiere und Pflanzen erfahren.

Königsberg ist bei weitem nicht die einzige geschichtsträchtige Stadt in den Haßbergen. Weiter südlich am Main liegt **Haßfurt** ⓬. Wahrzeichen und bedeutendstes Bauwerk ist die spätgotische Ritterkapelle von 1390. Die etwa gleichzeitig entstandene Pfarrkirche beherbergt wertvolle Holzskulpturen des berühmten Künstlers Tilman Riemenschneider.

Den Marktplatz in **Zeil am Main** ⓭ säumen barocke Bürgerhäuser und das Renaissance-Rathaus, eine würdige Kulisse für das weithin bekannte Zeiler Weinfest im August. Der bedeutendste Sohn der Stadt, Abt Alberich Degen, führte 1665 die Silvanerrebe in Franken ein. Seitdem gedeiht der vorzügliche Frankenwein auf den Südhängen rund um Zeil.

Vor tausend Jahren ein schauriger Ort: die Gerichtslinde in Birnfeld, von doppeltem Säulenkranz umringt

Regen und Wind, Hitze und Frost nagen an den Felsen und bilden diese Waben im porösen Räthesandstein.

An der Wallfahrtskirche Zeiler Käppele oberhalb von Zeil (dort gibt es mehrere Parkmöglichkeiten) beginnt der **Abt-Degen-Steig** ⑭, der mit schönen Ausblicken auf das Maintal bis zu den bereits im Jahr 1335 erwähnten Weinbauanlagen Pfaffenberg und Nonnenberg führt. Mehrere Trockenmauern, die wie die Gräten eines Fisches angelegt wurden, gliedern die extrem steilen Hänge. Durch die Flurbereinigungen nach dem Zweiten Weltkrieg drohten die alten Weinbergmauern zu verfallen, doch 1986 stellte man die historischen Rebfluren, die nach wie vor von Hand bewirtschaftet werden, unter Naturschutz.

Rätselhafte Felsen und sagenumwobene Ruinen Zwanzig vorgeschichtliche Fliehburgen und Wallanlagen, 15 Burgen und 26 Schlösser hat man in den Haßbergen gezählt. In Lichtenstein liegt unterhalb der Ruine der einzigartige Rhätsandstein-Felsengarten. Die Doppelburg teilt sich in die gut erhaltene und noch bewohnte Südburg und die Ruine der Nordburg, die an Wochenenden gegen Eintrittsgeld besichtigt werden kann. Der Zugang zum ➡ **Felsenlabyrinth** ⑮ liegt gleich neben der Ruine. Besonders imposant ist der Walfischfelsen, in dessen aufgeklapptem Maul man deutlich die wabenförmige Verwitterung des Sandsteins erkennen kann. Weiter führt der Weg zum Teufelsstein mit einem in den Fels geritzten Mühlespiel. Der Burgsage nach hat ein Lichtensteiner Ritter durch eine List an diesem Spielbrett den Teu-

RENNWEG

Der Rennweg, ein historischer Eilboten- und Kurierweg, verläuft über 65 km hinweg stets auf den Höhen der Haßberge und meidet Hänge, Täler und Ansiedlungen. Auf naturbelassenen Wegen durch schattige Wälder beschert er immer wieder großartige Ausblicke auf weite Tal- und Wiesengründe des Naturparks mit zahlreichen malerisch gelegenen Dörfern und Schlössern. Immer wieder stößt man während der Wanderung auf die Ruinen der im 10. Jahrhundert auf den Höhen angelegten Burgenkette, die dem Schutz des fränkischen Siedlungsgebietes diente. Der Rennweg beginnt in Sulzfeld/Grabfeldgau führt über die Schwedenschanze ⑦ sowie die Urwiese ⑧ bei Unfinden und endet bei Hallstadt/Bamberg. Da er fast gänzlich durch Wald verläuft und Ortschaften meidet, muss man zur Übernachtung und Einkehr ein Stück vom Pfad abweichen.

Im Herzen der Haß-
berge liegt Altenstein
mit der schönsten
Burgruine des Fran-
kenlandes.

fel besiegt. Nach etwa 2,5 km Wanderung gelangt man zurück zum Dorf. In Lichtenstein
beginnt auch der 40 km lange Burgenkundli-
che Lehrpfad, der zu acht Burgen und Ruinen
führt. Alle Stationen dieses Rundkurses sind
mit Informationstafeln zur Geschichte und Architektur der mittelalterlichen Wehranlagen
ausgestattet.
Die schönste Burgruine Frankens liegt in
➠ **Altenstein** 🔟. Leider steht sie auf sehr in-
stabilem Rhätsandstein-Untergrund. Das Gemäuer der spätgotischen Burgkapelle möchte

man am liebsten stützen, so beängstigend
aus dem Lot geraten ruht es am Rande des
tiefen Felsabgrundes. Die vorbildlich gesi-
cherte und erschlossene Burg kann tagsüber
kostenlos besichtigt werden. Altenstein ist ein
guter Ausgangspunkt für Wanderungen,
etwa zum 3,5 km nordöstlich gelegenen Her-
thasee oder zu der 2,5 km entfernten Felsengruppe Diebskeller.
Eine frühgeschichtliche Kultstätte darf man
auf dem **Veitenstein** 🔟 vermuten. Der von
Spalten und Höhlen durchzogene Sandsteinfelsen liegt östlich des Lautertals bei Lußberg.
Durch geologische Verschiebungen hat sich
der vordere Teil des 15 m hohen Felsens vom
460 m hohen Gipfel des Lußbergs abgespal-
ten und eine etwa 1,5 m breite Kluft gebildet,
die sich im Inneren des Berges senkrecht fort-
setzt. Offenbar wurde die Höhle zu kultischen
Zwecken erweitert. Bemerkenswert ist eine
enge Lichtöffnung, die der Sage nach von
Querkeln (Zwergen) geschaffen wurde. Keltische Schriftzeichen am Querkelloch verweisen auf ein heidnisches Heiligtum. Eine massive Holztür versperrt den Zugang zur Höhle
(Führungen unter Tel. 09536/10 12). Die Wanderung zum Veitenstein beginnt am Parkplatz
des Ortes Lußberg, 1,5 km mit steilem Anstieg, Rückweg (2,5 km) über das Jungfern-
kreuz nach Lußberg.

Zeugnis frühge-
schichtlicher Kulte:
keltischer Drudenfuß
am sagenumwobe-
nen Veitenstein

22 Naturpark Thüringer Schiefergebirge/Obere Saale
Farbkontraste – Schiefergrau, Stauseeblau und Waldesgrün

ANFAHRT
Auf der A 4 Bad Hersfeld–Dresden bis zur Ausfahrt Weimar und weiter über die B 88 nach Saalfeld; Saalfeld und zahlreiche weitere Orte im Naturpark sind auch mit der Bahn zu erreichen

LAGE
In Ostthüringen im Stauseengebiet der Saale

GRÖSSE
800 km²

HÖCHSTE ERHEBUNG
Wetzstein (793 m)

GRÜNDUNG
1990

INFORMATION
Naturpark Thüringer Schiefergebirge/Obere Saale
Wurzbacher Straße 16
07338 Leutenberg

TELEFON
036734/230 90

INFOHÄUSER
Thüringer Schieferpark Lehesten
Staatsbruch 1
07349 Lehesten
Telefon 036653/260 52 50

Naturpark-Information
Panorama 1
07422 Dittrichshütte
Telefon 036741/26 76

INTERNET
www.thueringer-schiefergebirge-obere-saale.de

Reizvolle gegensätzliche Landschaftsbilder in fünf sehr unterschiedlichen Naturräumen treffen in einem kleinen Gebiet aufeinander – die Besonderheit dieses Naturparks. Tief eingeschnitten sind die Täler der Schwarza-Sormitz-Region, weit die Hochflächen des zentral gelegenen Oberlandes, an norwegische Fjorde erinnern die Stauseen des oberen Saaletales. Das hohe Thüringer Schiefergebirge ist ausgesprochen waldreich. Etwas ganz Besonderes aber sind die Himmelsteiche bei Plothen. Während der nordwestliche Teil des Thüringer Waldes ein Horstgebirge aus sehr altem Gestein ist, tritt im Südosten Schiefer zutage, der dem Naturpark nicht nur den Namen gegeben hat, sondern auch seit Jahrhunderten als hochwertiger Dach- und Wandschiefer abgebaut wird. Dadurch entstand eine charakteristische Landschaft, geprägt von kleinen Ortschaften mit blaugrauen Schieferdächern und -fassaden sowie von berghohen Schieferhalden, bewachsen mit Moosen, Flechten und Kräutern. Diese in Deutschland einzigartige Region des Schieferbergbaus lernt man bei einer Wanderung auf dem neu angelegten Schieferlehrpfad bei Probstzella näher kennen.

Ins Innere der Erde Ein Höhepunkt des Schiefergebirges liegt unter Tage. Die Saalfelder ➠ **Feengrotten** ❶ zählen zu den farbenreichsten Höhlen der ganzen Welt. Zugleich sind sie ein eindrucksvolles Zeugnis einstigen Bergbaus. Seit der Eröffnung für das Publikum 1914 zogen die Feengrotten mehr als 17 Millionen Besucher aus aller Welt in ihren Bann. Der Abbau des Schiefers begann im Gebiet der heutigen Feengrotten um 1530. Durch Auslaugung des grauschwarzen Gesteins gewann man Alaun zum Gerben von Leder sowie grünes Vitriol zur Unkrautbekämpfung und blaues Vitriol zur Holzkonservierung. Mit Beginn der Industrialisierung der Wirtschaft kam der Abbau um 1850 zum Erliegen.

Als der Stollen des fast vergessenen Bergwerkes um 1910 wiederentdeckt wurde, offenbarte sich den Betrachtern eine unterirdische Wunderwelt. Das mineralhaltige Tropf- und Quellwasser hatte in weniger als 300 Jahren

Die Feengrotten – Wunderland, Märchenland, Traumland – sind immer wieder ein Erlebnis im Erdinneren bei Saalfeld.

ein faszinierendes Labyrinth in prächtigsten Formen und Farben geschaffen. Auch heute unterliegen die Grotten einem ständigen natürlichen Wandel. Im Märchendom der Feengrotten darf man sogar den Bund fürs Leben schließen (Anfragen unter

Die Steinerne Rose aus Diabasgestein: einzigartiges Naturdenkmal in Europa

Bei vielen beliebt: Thüringer Wasserparadiese Die liebevolle Titulierung Thüringer Meer für die fast 80 km lange, fünfmal gestaute Saalekaskade, das größte zusammenhängende Stauseegebiet Deutschlands, ist angemessen. Der 27 km lange **Hohenwarte-Stausee ❸**, mit malerischen Buchten in steil abfallende bewaldete Hänge gebettet, erfreut sich bei Seglern und anderen Wassersportlern großer Beliebtheit. Auch für Wanderer stellt er eine reizvolle Herausforderung dar, denn der immerhin 75 km lange Stausee-Rundwanderweg beginnt an der Hohenwarte-Sperrmauer und überwindet Höhenunterschiede bis zu 300 m.

Die ➡ **Plothener Teiche ❹** im Osten des Naturparks sind nicht nur für die Vogelwelt ein Paradies. Das beschauliche Idyll

www.feengrotten.de)
Die Höhlen erreicht man von Saalfeld auf der B 281 in Richtung Neuhaus. Im Ortsteil Garnsdorf links der Ausschilderung folgen. Kostenlose Parkplätze sind in genügender Anzahl vorhanden (März–Okt. täglich 9–17 Uhr; Nov. Sa, So 10–15.30 Uhr, Dez.–Febr. 10–15.30 Uhr).
Wie in einem Buch kann man am **Obernitzer Bohlen ❷** die Erdgeschichte Thüringens studieren. Die 700 m lange und bis zu 120 m hohe Steilwand liegt südlich von Saalfeld, unmittelbar an der B 85. Das unter Naturschutz stehende Geotop wird in Geologielehrbüchern als Beispiel für variszische Diskordanz angeführt – so bezeichnen Fachleute die gefalteten Steinschichten der Bohlenwand. Der Aufstieg zur Bohlenwand beginnt im Saalfelder Ortsteil Köditz (durch die Unterführung des Bahndamms) und endet in Obernitz an der B 85.

rund um die 600 Teiche wurde im Mittelalter von Mönchen zur Fischzucht angelegt. Da sie nicht von Quellwasser, sondern nur durch Niederschläge gespeist werden, tragen sie auch den schönen Namen Himmelsteiche. Ein 7,8 km langer Naturlehrpfad mit Beobachtungsturm lädt dazu ein, die Bewohner der Teichlandschaft näher kennenzulernen: Wasserralle, Rotschenkel und Kampfläufer oder die Plattbauchlibelle, Haubentaucher und Schwäne.

Orgelkonzerte, Ausstellungen, Burgspiele oder Hochzeitsfeste – Schloss Burgk hat viel zu bieten.

Das sich jährlich Anfang Oktober wiederholende Naturschauspiel der ins Schilf einfallenden Stare hat als Starenwunder einen gewissen Bekanntheitsgrad erlangt. Die Jugendherberge in der Nähe von Plothen bietet geführte Wanderungen an. Zwischen Plothen und Debra wurden an mehreren Stellen Parkplätze angelegt. Von dort kann man die Teichlandschaft zu Fuß erkunden.

Östlich von Neuenbeuthen, gegenüber der Ziemestalbrücke, finden sich in der Weisbacher Flur auf der Schlosskuppe die Überreste einer Burg, vermutlich aus dem Mittelalter. Der Volksmund nennt sie Hohewaldsburg oder **Wysburg** ❺. Eine spannende Sage rankt sich um diese Ritterburg: Sie berichtet von einem verloren gegangenen goldenen Kegelspiel, das heute noch Schatzsucher anlockt – doch bis jetzt waren alle Mühen umsonst, das Gold bleibt verschollen. Die Wysburg liegt etwa 1,5 km von dem kleinen Ort Weisbach entfernt.

Schiefer – das blaue Gold Alle Dächer, selbst Fassaden und Kirchtürme spiegeln das Licht blaugrau wider – das Charakteristikum einer Gegend, die von kleinen Dörfern zwischen Schieferhalden geprägt ist. Das blaue Gold wird seit Jahrhunderten im Schieferbergbaugebiet zwischen Probstzella, Lehesten und Ludwigsstadt abgebaut. Noch heute sind im

Raum von Lehesten und Unterloquitz mehrere Gruben in Betrieb.

Vom Marktplatz in **Probstzella** ❻ führt ein Schieferlehrpfad über die Schieferstadt Lehesten bis zum Schiefermuseum in Ludwigsstadt. Auf der 30 km langen Strecke geben 30 Informationstafeln Auskunft über den Schieferbergbau und versäumen auch nicht, auf Naturbesonderheiten hinzuweisen. Kürzer ist der Schiefer-Rundwanderweg (zwei Stunden) bei Probstzella, der ebenfalls am Marktplatz beginnt.

Ein besonderes Erlebnis ist der Besuch des ▪▪▶ **Historischen Schieferbergwerks Lehesten** ❼. Als gigantischer Krater präsentiert sich der einst größte Schiefertagebau Europas. Er ist das Resultat jahrhundertelanger Schürfarbeiten an ursprünglich mehreren Stellen, die im Laufe der Zeit zusammenwuchsen. Die Teiche und trockenen Hänge des 1999 stillgelegten Steinbruchs stehen unter Naturschutz; hier haben sich seltene Tierarten angesiedelt. Sehenswert sind auch die noch vorhandenen Bergbauanlagen. Die historische Göpelschachtanlage sowie die Spalt- und Zuschneideanlagen können im Rahmen von Führungen besichtigt werden. Die Schieferstadt Lehesten liegt an der Landstraße zwischen Wurzbach und dem bayerischen Ludwigsstadt, rund 20 km südlich von Saalfeld. In Lehesten gibt es mehrere Schieferbrüche, deshalb den Schildern zum Schieferpark und zum historischen Schieferbergbau folgen. Parkmöglichkeiten sind vor Ort vorhanden. Öffnungszeiten: Die oberirdischen Bergbauanlagen können im Sommerhalbjahr im Rahmen einer vorher angemeldeten Führung besichtigt werden. Weitere Auskünfte unter Telefon: 036653/260 50.

Das blaue Band der oberen Saale Über einer sehr engen Saalebiegung thront auf einem schmalen Felsgrat eine der schönsten Burgen Thüringens: ➡ **Schloss Burgk** ❽. Die imposante, fast 600 Jahre alte Burganlage kann nur über eine Zugbrücke erreicht werden. Die ganze Pracht dieser vergangenen Jahrhunderte entfaltet sich in den Wohnräumen und in der reich geschmückten Kapelle mit einer Orgel des berühmten sächsischen Orgelbaumeisters Gottfried Silbermann. Der beeindruckendste Platz auf Schloss Burgk ist jedoch der kleine Park auf dem Felssporn hinter der Burganlage. Schroff fallen dort die Felsen zur Saale ab. Ein Pavillon zeugt von der Musikbegeisterung der Fürsten von Reuß, die Schloss Burgk als Sommerresidenz und für die Jagd nutzten. Noch heute wird hier gern und oft musiziert. Schloss Burgk ist weiträumig ausgeschildert, Parkplätze gibt es im Ort.

Der erste von insgesamt fünf Saalestauseen, die ➡ **Bleilochtalsperre** ❾, ist zugleich der schönste und mit einer Fläche von 9,2 km² auch die größte Talsperre in Deutschland. Vor der Aufstauung baute man in Bleilöchern Blei ab. Bei Gräfenwarth versteckt sich in der Nähe des Stausees eine geologische Kostbarkeit: eine **Steinerne Rose** ❿. Sie besteht aus einer Diabasformation, die im Mittleren Devon, also vor ca. 400 Millionen Jahren, als Ganggestein (die aus der Tiefe aufsteigen) entstanden ist. Die Steinerne Rose befindet sich ca. 700 m nördlich von Kloster, einem Ortsteil der Stadt Saalburg-Ebersdorf im Saale-Orla-Kreis.

Die mächtige Staumauer bei **Saalburg** ⓫ erreicht eine Höhe von 60 m. Auf 28 km staut sich die Saale flussaufwärts – eine bei Wassersportlern beliebte Strecke. In Saalburg legen Motorschiffe zu Linien- und Rundfahrten ab. Auf Wanderungen entlang den bewaldeten Talhängen offenbaren sich überraschende Ausblicke auf die imposanten Schleifen, Drehungen und Windungen des Stausees.

Einen Panoramablick vom **Heinrichsstein** ⓬ südlich von Ebersdorf sollte man sich nicht entgehen lassen. Der Weg ist zwar nicht ausgeschildert, die etwa 3 km lange Wanderung von Ebersdorf lohnt sich aber nicht nur wegen des Saaleblicks. Das trockene warme Klima und die teilweise offenen Felsen schaffen hier Lebensbedingungen für wärmeliebende Tier- und Pflanzenarten. An den Ufern des Stausees gibt es einige botanische Raritäten zu entdecken, darunter die Astlose Graslilie, die Türkenbundlilie oder den Gelben Eisenhut.

WILDNISTRAINING

Die Jugendherberge Am Hausteich in der Plothener Teichlandschaft ❹ widmet sich besonders der Natur- und Umwelterziehung. So können hier Jugendliche, die bisher wenig Möglichkeiten hatten, die Natur richtig kennenzulernen, durch ein spannendes Wildnistraining Verständnis für die Umwelt sowie Naturverbundenheit entwickeln. Exkursionen in die Plothener Teichlandschaft (Bild) und ausgedehnte Wanderungen mit stimmungsvollen Abenden am Lagerfeuer gehören zum Programm. Man lernt auch, mit dem Drillbogen Feuer zu machen und Stockbrot zu rösten, es gibt ein Wildnisspiel, eine Zeitreise durch die Erdgeschichte und Wildnis-Workshops zu den Themen Schutz, Feuer, Wasser und Nahrung. Die Wildnisschule wird als eintägiger Schnupperkurs und als drei- oder fünftägiges Programm angeboten, wobei man in der Jugendherberge übernachtet. Anfragen unter: www.djh-thueringen.de oder telefonisch 036648/223 29.

23 Naturpark Frankenwald
Flößer, Schneidmüller, Köhler, Bergmann – Brauchtum in liebevollen Händen

ANFAHRT
Auf der A 4 bis Jena, von dort auf der B 85 nach Lauenstein; Ludwigsstadt, Kronach, Marktschorgast und weitere Orte des Naturparks sind mit der Bahn zu erreichen

LAGE
Im bayerischen Oberfranken an der Grenze zu Thüringen

GRÖSSE
1022 km²

HÖCHSTE ERHEBUNG
Döbraberg (794 m)

GRÜNDUNG
1973

INFORMATION
Naturpark Frankenwald
Güterstraße 18
96317 Kronach

TELEFON
09261/67 82 42

INFOHÄUSER
Bad Steben-Bobengrün, Lichtenberg, Ludwigsstadt, Marktschorgast, Stadtsteinach, Steinwiesen und Tettau

INTERNET
www.naturpark-frankenwald.de

Anmutig und heiter wie ein sonniger Frühlingsmorgen: die Landschaft des Frankenwaldes bei Steinbach a. d. Haide

Weit schweift der Blick über schwingende Höhen. Auf saftigen Wiesengründen, von Flüsschen und Teichen durchzogen, setzen Hahnenfuß, Vergissmeinnicht und Ehrenpreis farbige Akzente. Der Frankenwald gehört seit je zu Oberfranken und wird zu Recht die grüne Krone Bayerns genannt. Zusammen mit den Naturparks Thüringer Wald und Thüringer Schiefergebirge/Obere Saale bildet er eine geografische Einheit – ein Schutzgebiet für die Natur mit einer Gesamtfläche von rund 400 km². Die Übergänge zum nördlich gelegenen Thüringer Wald sind kaum spürbar, vielleicht ist der Frankenwald aber noch grüner, noch stiller und abgeschiedener. Besiedelt wurde er erst im Mittelalter, auf Rodungsinseln entstanden die ersten Siedlungen mit den erkennbaren Siedlungsformen des Waldhufen- oder Rundangerdorfes. Die Wälder waren der Reichtum des Landes und sind es heute noch. Große Bedeutung besaß die Rodach, auf der geschlagenes Holz bis nach Frankfurt und weiter nach Holland geflößt wurde. Vor nicht allzu langer Zeit stieg noch der Rauch von Holzmeilern über die Baumkronen empor.

Geschichte und Geschichten aus dem Frankenwald Das zu Stein gewordene Sinnbild der grünen Krone Bayerns ist die **Burg Lauenstein** ❶ aus dem 12. Jahrhundert. In den blutigen Fehden des 14. Jahrhunderts wurde sie stark beschädigt. Danach verewigten sich emsig mehrere Bauherren: Den heute noch zu besichtigenden Orlamünde-Bau mit seinen

Glasgemälden errichtete Graf Otto von Orlamünde; Heinrich von Thüna ließ 1506 eine Burgkapelle, sein Nachfolger Christoph von Thüna d. Ä. den prächtigen mehrgeschossigen Schlossbau mit sterngewölbtem Rittersaal erbauen. Der Hallenser Dr. Ehrhard Meßmer erwarb Burg Lauenstein 1896. Bei ihrer Instandsetzung spielten Gestaltung und Kunstauffassung des Historismus und beginnenden Jugendstils eine tragende Rolle. Meßmer erweiterte die Anlage um ein Hotel und empfing namhafte Gäste wie den Poeten Joachim Ringelnatz. Die Erben verkauften die Burg 1962 an den Freistaat Bayern, der die Anlage aufwendig restaurieren ließ. Die interessante Burg mit Rüstungen aus dem 16. und 17. Jahrhundert kann nur im Rahmen einer Führung besichtigt werden.

Thüringer Schiefergebirge/Obere Saale. Inzwischen führt die Panoramastraße von Bad Steben über 40 km bis nach Hof. Zu den Sehenswürdigkeiten der Panoramastraße zählt der **Friedrich-Wilhelm-Stollen** ❹ bei Lichtenberg. Im Besucherbergwerk wandelt man auf den Spuren Alexander von Humboldts, der den Stollen zu Forschungszwecken projektierte.

In unmittelbarer Nähe des ehemaligen Lichtenberger Bahnhofs ist das **Naturpark-Infozentrum Blechschmidtenhammer** ❺ (Bahnhof Blechschmidtenhammer, geöffnet täglich 10–17 Uhr, Telefon 09261/67 82 42) untergebracht. Auf alten Gleisen stehen Waggons der Höllentalbahn, als würde der Schaffner gleich das Signal zur Abfahrt geben. Doch die Eisenbahn rattert nur noch im Modell durch das naturgetreu nachgebaute Höllental in den Räumen des Infozentrums. Empfehlenswert ist es, das schönste Tal des Frankenwaldes gleich hier vom Infozentrum aus zu erkunden.

➠ **Steinbach an der Haide** ❷, ein kleines Rundangerdorf, gehörte im 16. Jahrhundert zum Herrschaftsbereich der Burg Lauenstein. Sein Ursprung liegt jedoch wesentlich weiter zurück. Dichter Urwald bedeckte zur Zeit der mittelalterlichen Jahrtausendwende die Höhen des Frankenwaldes. Es waren Mönche des Benediktinerklosters Paulinzella in Thüringen, die mit der Rodung und Besiedlung des wilden Nortwalds begannen. Steinbach dürfte um 1100 gegründet worden sein; um 1250 weihten Mönche aus dem nahen Probstzella der hl. Elisabeth von Thüringen (1207–31) eine Kapelle. Bei deren Renovierung 1963 legte man mittelalterliche Wandmalereien frei. Die ältesten Fresken, eine Gerichtsszene an der Ostwand hinter dem Altar, stammen noch aus der Entstehungszeit der Kapelle. Zu sehen ist auch die verehrte Elisabeth, die schon bald nach ihrem frühen Tod heilig gesprochen wurde. Ebenfalls erhalten blieb eine Darstellung der Burg Lauenstein. Auf dem weiträumigen Anger oberhalb der kleinen Kirche leuchtet ein Blumenmeer. Als Anger bezeichnete man einen Dorfplatz in Gemeinbesitz, den alle Bewohner nutzten. Oft wurde das Vieh über Nacht auf dem Anger in Sicherheit gebracht. Doch zur Zeit des Zweiten Weltkrieges wuchsen hier Kraut und Rüben und Hopfen für die örtliche Brauerei: Krautsteinbach nennt der Volksmund seitdem diesen Ort.

Abstieg in niedere Gefilde – Höllental und Höllenfahrt

An der Grenze zu Thüringen verläuft die **Saale-Panoramastraße** ❸. Die ursprünglich nur 10 km lange Strecke entlang der Saale bietet wunderbare Aussichten auf den Fluss und den benachbarten Naturpark

Kronach, Geburtsstadt von Lucas Cranach d. Ä., über der die mächtige Festung Rosenberg aus dem 13. Jahrhundert thront

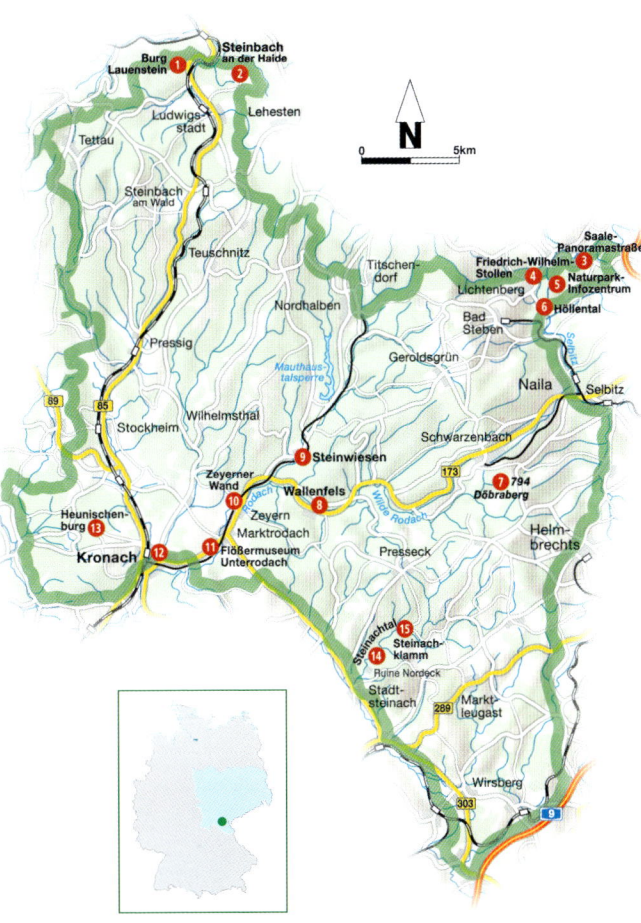

BEKASSINE *(Gallinago gallinago)*

Die Bekassine ist in Deutschland vom Aussterben bedroht. In den ungestörten Feuchtwiesen der Frankenwaldtäler findet sie angemessenen Lebensraum und Brutplätze. Noch Mitte des 19. Jahrhunderts wurde die Bekassine intensiv gejagt. Mit einer Körperlänge zwischen 25 und 28 cm zählt sie zu den mittelgroßen, einheimischen Schnepfenarten. Auffallend ist der sehr schnelle Flug, bei Gefahr mit vielen Haken versehen. Nahrung findet die Bekassine im Schlamm in flachgründigem Wasser.

Im ➡ **Höllental** ❻ entwickelt das kleine Flüsschen Selbitz eine erstaunliche Kraft; bis zu 170 m tief hat es sich in das vulkanische Diabasgestein gegraben. Die Quelle liegt auf 605 m Höhe bei Wüstenselbitz, nach 40 km mündet das Flüsschen bei Blankenstein in die Saale. Im etwa 4 km langen Höllental verliert die Selbitz gleich 50 m an Höhe; das Wasser strömt schnell und erzeugt genug Kraft für den Betrieb eines kleinen Kraftwerks, das schon seit 1888 Energie erzeugt. Die Wasserqualität im Höllental ist so gut, dass man aus Tiefenquellen Mineralwasser gewinnt.

Enge Täler prägen den Frankenwald. Von wirtschaftlicher Bedeutung war einst die Rodach, ein rechter Nebenfluss des Mains. Sie hat zwei Quellflüsse: Die Rodach entspringt 690 m hoch am Rennsteig, die Wilde Rodach am Südhang des **Döbraberges** ❼, der mit 794 m höchsten Erhebung des Frankenwaldes. In früherer Zeit wurde die Rodach für die Flößerei genutzt. Der Titschendorfer Floßteich (bei Nordhalben) und der Floßteich beim heutigen Gasthof Bischofsmühle (unterhalb des Döbraberges) waren Ausgangspunkte, von denen Holz aus dem Frankenwald über Kronach und Frankfurt bis in die Niederlande transportiert wurde. In **Wallenfels** ❽ an der Wilden Rodach kann man eine Floßfahrt ohne die damaligen Strapazen erleben: Jeweils samstags, von Mai bis September, schaukeln erfahrene Flößer auf den wackligen Stämmen Touristen etwa 5 km von Schnappenhammer nach Wallenfels. Mit 30 Gästen an Bord durch Brücken und über Wehre – da bleiben weder Hemd noch Hose trocken (Anmeldungen unter www.wallenfels.de).

Es hat nicht Ruh' bei Tag und Nacht Die Wasserkraft nutzte man früher auch für die zahlreichen Sägewerke an der Wilden Rodach, so etwa die Dorschenmühle und die Rauschenhammermühle. In **Steinwiesen** ❾ an der Rodach ist die seit 1122 bestehende Teichmühle noch heute voll funktionsfähig. Bei einer Besichtigung der Museumsmühle werden Funktionsweise und der Betriebsablauf an einem Schneidtag vorgestellt.

Der Steilabfall des Frankenwaldes zum Obermainischen Hügelland markiert eine geologische Verwerfungsspalte, die Fränkische

Munter umfließt die Steinach mächtige Felsen, die ihr den Weg verstellen.

Die Schneidmühle im Steinachtal wurde 1982 von Düsseldorfer Studenten sorgfältig und fachgerecht restauriert.

Linie. Bei Zeyern tritt am Prallhang der Rodach dieses geologische Phänomen zutage. An diesem natürlichen Aufschluss erkennt man die gesamte Schichtenfolge des Unteren Muschelkalks. Die **Zeyerner Wand** ⑩ steht seit 1985 unter Naturschutz und lässt sich auf einer 5 km langen Wanderung erkunden (von der B 173 Richtung Roßlach abbiegen, am Ortsausgang das Fahrzeug auf dem geschotterten Platz parken, von dort auf den Flößerweg entlang der Rodach).

Folgt man dem Weg weiter, gelangt man zu dem **Flößermuseum Unterrodach** ⑪. Es ist in einem ehemaligen Floßherrenhaus untergebracht, von denen in Unterrodach noch einige zu sehen sind. Sie zeigen, dass man es mit der für den Frankenwald so bedeutsamen Flößerei durchaus zu Wohlstand bringen konnte.

Aus dem Waldesdunkel ans Licht Kulturelles Glanzlicht des Frankenwaldes ist die Stadt ➠ **Kronach** ⑫, über der die mächtige Festung Rosenberg aus dem 13. Jahrhundert thront. Die schöne Altstadt schmiegt sich an den Burgberg und wird von der erhalten gebliebenen Stadtmauer umschlossen. Das Haus Zum Scharfen Eck ist vermutlich das Geburtshaus (1472) von Lucas Cranach d. Ä., der sich nach seiner Heimatstadt benannte. Seine Bilder hängen in der Fränkischen Galerie auf der Festung Rosenberg. Wenige Kilometer vor

den Toren Kronachs (in Richtung Mitwitz/Coburg) erhebt sich auf dem Wolfsberg eine der ältesten Steinbefestigungen in Mitteleuropa, die **Heunischenburg** ⑬. Sie wird in die Bronzezeit datiert. Eine rekonstruierte Torgasse mit Ausfallpforte und hölzernem Turm kann besichtigt werden.

Zwischen Wildenstein und Stadtsteinach hat sich das Flüsschen Steinach das romantische ➠ **Steinachtal** ⑭ gegraben. Munter dreht sich das Wasserrad der alten Schneidmühle von 1865. Sie wurde 1982 von Studenten der Fachhochschule Düsseldorf restauriert und wieder in Gang gebracht. Wenig weiter erhebt sich die Ruine Nordeck inmitten eines Naturreservates. Nur der Stumpf des Bergfrieds blieb erhalten. Prächtig ist der Pflanzenreichtum zu ihren Füßen: Storchenschnabel, Maiglöckchen, Haselwurz, duftende Minze, Kleines Immergrün und schmackhafte Walderdbeeren. Vom Fischreichtum der Steinach kann man sich in der Räucherei unterhalb der Burgruine überzeugen.

Schließlich verengt sich das Tal bei Wildenstein zu einer Klamm, an der sich mächtige Quarzfelsen gegenüberstehen. Um die romantische **Steinachklamm** ⑮ ranken sich Legenden: Als die Steinach an einer großen Felswand nicht weiterkam, bat sie den Gott Thor, den Weg mit seinem Hammer frei zu machen. Zum Dank musste die Steinach die Waffenschmiede des Gottes antreiben.

24 Naturpark Fichtelgebirge
Europäische Hauptwasserscheide zwischen Nordsee und Schwarzem Meer

ANFAHRT
Auf der A 9 Nürnberg–Leipzig bis zur
Ausfahrt Gefrees, auf der Landstraße weiter
in Richtung Selb, hinter Weißenstadt links
zum Großen Waldstein; nächstgelegener
ICE-Bahnhof in Nürnberg

LAGE
Im Nordosten Bayerns an der Grenze zu
Tschechien, zwischen Hof, Bayreuth und
Mitterteich

GRÖSSE
1020 km²

HÖCHSTE ERHEBUNG
Schneeberg (1051 m)

GRÜNDUNG
1971

INFORMATION
Naturpark Fichtelgebirge
Jean-Paul-Straße 9
95632 Wunsiedel

TELEFON
09232/804 23

INFOHÄUSER
Bergbauernhof Grassemann
Grassemann 3
95485 Warmensteinach
Telefon 09277/61 05

Waldhaus Mehlmeisel
Waldhausstr. 100
95694 Mehlmeisel
Telefon 09272/90 98 12

INTERNET
www.naturpark-fichtelgebirge.org

»Der Granit lässt mich nicht los«, befand Dichterfürst Goethe, als er 1785 zum ersten Mal das Fichtelgebirge besuchte. Granitfelstürme, Blockmeere und das Luisenburg-Labyrinth sind die Wahrzeichen des mächtigen Gebirgszuges in Oberfranken. Selten gewordene Pflanzen wie Arnika, Bärwurz und Knabenkraut gedeihen prächtig, aber auch große, weiß leuchtende Margeritenwiesen schmücken die Landschaft. Mit etwas Glück lässt sich sogar ein Auerhahn beobachten, der sich bevorzugt mit den Blaubeeren des Waldes stärkt. Nach Osten flacht das Fichtelgebirge sanft ab. Die Flüsse Eger und Röslau durchströmen romantische Täler; ihre Ufer sind von binsenreichen Nasswiesen und Mädesüßfluren gesäumt. Solche naturnahen Talräume sind eine wahre Schatzkammer; sie bieten Lebensraum für Eisvogel, Biber und Fischotter. Im schnell fließenden, kühlen Wasser lebt die sehr seltene Flussperlmuschel. So viel Natur – trotzdem kommt die Kultur keineswegs zu kurz. Schöne Stadtsilhouetten, wie beispielsweise die von Thierstein und von Hohenberg, schmücken die Hügel, eine vielfältige Kulturlandschaft mit Hohlwegen, Felsenkellern, Hutungsresten und Steinmauern ziert das Gebirge. Die Menschen spüren die starken Kräfte der Erde, sie fühlen sich vom Fichtelgebirge magisch angezogen.

Alte Felsen und historische Mauern Zu Recht trägt den Waldstein den Zusatz Groß. Auch wenn die höchsten Berge des Fichtelgebirges die 1000-m-Marke übertreffen, zählt der ➠ **Große Waldstein** ❶ mit einer Höhe von 877 m zu den schönsten und meistbesuchten Gipfeln in Oberfranken. Bietet er doch mit einer von mächtigen Steinquadern übersäten Bergkuppe, der Ruine Rotes Schloss, der nahen Saalequelle und dem schönen Ausblick alles, was das Fichtelgebirge ausmacht. Die historischen Zeugnisse des Großen Waldsteins reichen zurück bis in die Jungsteinzeit, besiedelt war er etwa seit dem 8. Jahrhundert. Das Rote Schloss wurde während der Bauernkriege 800 Jahre später vom Schwäbischen Bund zerstört. Dass das unterhalb des Gipfels liegende Waldsteinhaus auch mit dem eigenen Fahrzeug angesteuert werden kann, dürfte die Beliebtheit des Berges nur fördern. Die kurze Wanderung zur Saalequelle (2,5 km) führt durch einen reizvollen, farnreichen Bergahorn-Buchen-Wald.

Wälder und Fluren, auf den Höhen Städtchen wie Hohenberg an der Eger sind charakteristisch für das Fichtelgebirge.

Als Blockmeere, Matratzenlager, Felsenlabyrinthe und Wollsäcke werden die Felsformationen des Fichtelgebirges bezeichnet. Blockmeere heißen die unregelmäßig an Hängen abgestürzten Felsblöcke. Ein sehr schönes Beispiel findet sich am Haberstein bei Bischofsgrün **8**. Felsenformationen aus Granit treten in Schichten auf, wie gestapelte Matratzen. Probeliegen kann man auf dem Gipfel des Großen Waldsteins **1**, wo auch der eindrucksvolle Teufelstisch (Bild) zu finden ist. Felsenlabyrinthe sind kreuz und quer liegende mächtige Felsen, wie in Luisenburg **14** bei Wunsiedel, das größte und imposanteste in Europa. Hier sind auch Wollsäcke zu finden, gewaltige, mit Moosen und Flechten bewachsene Granitblöcke.

Ein Gebirge wird geboren Am Großen Waldstein und am 3,5 km nördlicher liegenden **Kleinen Waldstein 2** (829 m) lässt sich die Entstehungsgeschichte des Fichtelgebirges studieren. In vier Schüben stiegen die markanten Granite in dieser Region an die Erdoberfläche. Auffallend sind die Schüssel oder auch Opferkessel genannten Aushöhlungen, die durch natürliche Erosion entstanden. Die größte dieser Schüsseln krönte einst den Aussichtsfelsen auf dem Großen Waldstein. In Erwartung eines Besuchs des bayerischen Königs Max II. im Jahr 1851 meißelte man jedoch kurzerhand ihre Ränder ab und installierte eine überdachte Aussichtskanzel. Besser überstanden hat diesen königlichen Besuch der sogenannte Teufelstisch, ein imposanter Granitklotz, auf dem der Sage nach Kobolde mit eisernen Karten spielen.

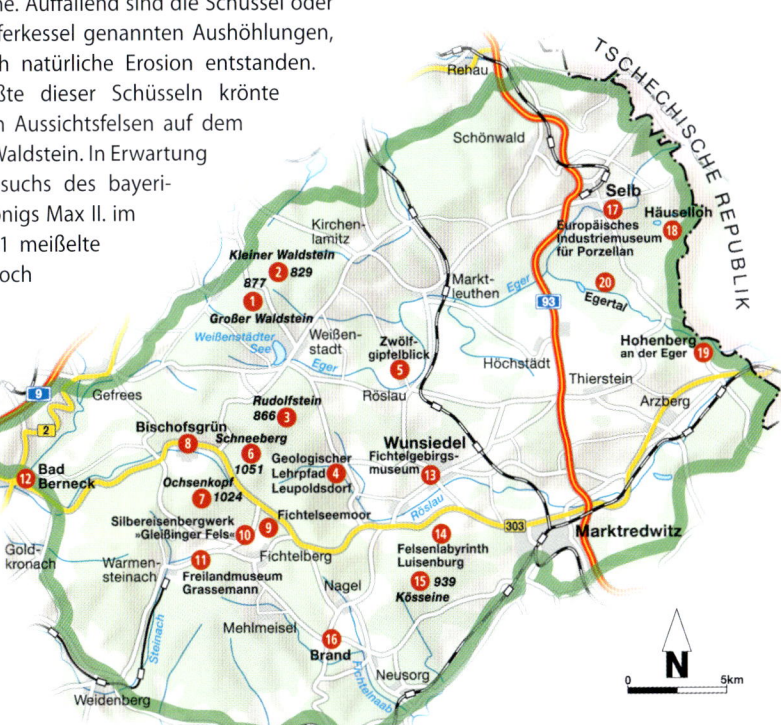

Noch sind solche blühenden Margeritenwiesen zu finden, beispielsweise im Natur-Kurpark von Bischofsgrün.

Südlich vom Großen Waldstein erhebt sich der **Rudolfstein** ❸ bis auf eine Höhe von 866 m, eines der beliebtesten Wanderziele im Fichtelgebirge. Auch dieser Berg ist mit Granitfelsen gepflastert, auch hier wachte einst eine Höhenburg, das Alte Schloss. Vom Wanderparkplatz in der Ortschaft Meierhof führt ein etwa 2 km langer Weg zum Gipfel (Anstieg 200 m). Zurück geht es vorbei an hoch aufragenden Granittürmen, Drei Brüder genannt, (ca. 3,5 km; Alternative: Wanderparkplatz bei Schönlind).

Der **Geologische Lehrpfad Leupoldsdorf** ❹ beginnt einen Ort weiter an der Vordorfer Mühle (Wanderparkplatz) und führt zum Leupoldsdorfer Hammer und durch das Röslautal zurück. Besucht werden der Steinbruch Fuchsbau und ein ehemaliges Zinnbergbaugebiet. Über Geologie und die einst bedeutende bergbauliche Nutzung wird an 28 Stationen des Weges berichtet. Der bequeme Rundwanderweg eignet sich auch für Familien mit Kindern.

Wer mehr Gipfel im Fichtelgebirge erobern möchte, kann sich im Dorf Röslau einen Überblick verschaffen. Unmittelbar am Ortsausgang erhebt sich 605 m hoch ein Hügel, von dem bei guter Sicht der Blick auf die wichtigsten Berge des Gebirges fällt und der daher **Zwölfgipfelblick** ❺ getauft wurde.

Die Krone des höchsten Berges gebührt dem **Schneeberg** ❻ mit 1051 m, leicht zu erkennen an seinem massiven Turm. Das einstige Militärgelände wird derzeit renaturiert, der Aussichtsturm Backöfele ist wieder frei zugänglich.

Auf der Beliebtheitsskala ganz oben steht der **Ochsenkopf** ❼. Bequem und wettergeschützt schwebt die ganze Familie mit der Seilbahn von Bischofsgrün-Fleckl auf den 1024 m hohen Gipfel, zu Goethefelsen und Sendeturm. Nervenkitzel für Jung und Alt garantieren die zehn Steilkurven der 1000 m langen Sommerrodelbahn bei Bischofsgrün (ab Zwischenstation Seilbahn). Im Winter hingegen lockt der Ochsenkopf Ski- und Snowboard-Fahrer auf die Abfahrtsstrecken Nord (ca. 2300 m) bzw. Süd (ca. 1900 m). Langläufer finden ein Netz von markierten und gut präparierten Loipen vor.

Im heilklimatischen Kurort **Bischofsgrün** ❽ lohnt sich ein Spaziergang durch den Natur-Kurpark, dem die Stadtwerbung gar geheimnisvolle spirituelle Kräfte zuschreibt. Im Park wurden mehrere ergometrisch vermessene Kurwege verschiedener Schwierigkeits-

grade angelegt. Im Juni erwärmen die blühenden Wildkräuterwiesen des Natur-Kurparks die Seelen der Naturfreunde. Die inzwischen vielerorts selten gewordenen Margeriten wachsen im unteren Teil der Kurparkanlage noch in großer Anzahl.

Mit Bergmannshelm und Grubenlampe Als idealer Ausgangspunkt für die Erkundung des Fichtelgebirges dient seit über 1000 Jahren der Luftkurort Fichtelberg. Hier verläuft die Europäische Wasserscheide mit den Quellflüssen des Mains und der Naab. Die Naab fließt nach Süden Richtung Donau, der Main nach Westen zum Rhein. Der Sage nach hatten beide Flüsse einst einen gemeinsamen Ursprung in einem wasserreichen Hochmoor. Das ➠ **Fichtelseemoor** 9 ist auf einer Flä-

che von 54,6 ha geschützt, ohne jede forstwirtschaftliche Nutzung und Pflege. Mit dieser Maßnahme gelang es, Zwergsträucher, Kräuter, Gräser und Torfmoose sowie den Bestand der Sumpfföhre (Spirke) wirkungsvoll zu schützen. Den südlichen Teil bildet der künstliche, rund 10 ha große Fichtelsee, der gerne als Naturfreibad genutzt wird. Einen Blick in das Innere des Fichtelgebirges gestattet der Besuch des **Silbereisenbergwerks Gleißinger Fels** 10. Mit Grubenlampe und Bergmannshelm geht es durch schulterenge Stollen in die Tiefe. Wo sich der Stollen weitet, sind silberglänzende Schichten und 20 Millionen Jahre alte Gesteinszeichnungen zu sehen. Das Besucherbergwerk liegt im Fichtelberger Ortsteil Neuhaus, in Richtung Oberwarmensteinach.

Im Oberwarmensteinacher **Freilandmuseum Grassemann** 11 wird über das harte Leben der Bergbauern im Fichtelgebirge berichtet. Das Schwärzer-Haus wurde 1698 als schindelgedeckter Blockbau errichtet und blieb samt Inventar bis heute erhalten. Wegen des rauen Klimas war der Ertrag der Landwirtschaft gering, die Bewohner von Grassemann mussten sich zusätzlich als Berg- und Waldarbeiter verdingen. Zum Museum gehört eine Naturpark-Information (Telefon 09277/61 05, Nov.–Dez. geschlossen).

Am Westhang des Ochsenkopfs liegt der Kurort **Bad Berneck** 12, in dem der Kurpark mit

Frühling im Fichtelgebirge, die schönste Zeit auch für Buchfinken auf blühenden Fichtenzweigen

Ruhe und Entspannung bietet der Kurpark von Bad Berneck mit der schönen Neuen Kolonnade von 1889.

Drei Brüder – so nennt man den Goethefelsen, die Tränengrotte und die Hardenberggrotte im Felsenlabyrinth Luisenburg.

seinen schönen Kolonnaden zu einem Besuch einlädt. Im Dendrologischen Garten, nach seinem Gründer auch Rothers Park genannt, wachsen zahlreiche exotische und heimische Baumarten. Führungen werden angeboten.

Zwischen Natur und Kunst Im ehemaligen Spital des Städtchens Wunsiedel ist das ➡ **Fichtelgebirgsmuseum** ⑬ untergebracht. Seit 1908 sammelt man in dieser Schatzkammer die Zeugnisse einer traditionsreichen Landschaft. Auf insgesamt vier Stockwerken werden die Themen Handwerk, Wohnkultur, Regional- und Naturgeschichte behandelt. Besonders beeindruckend ist die Mineraliensammlung mit fluoreszierenden Steinen. Dieser Effekt tritt nicht nur bei radioaktiven Uranmineralien auf, sondern findet sich auch bei den Gesteinen Calcit, Apatit, Scheelit und Willemit. Ein kleiner Raum widmet sich dem berühmtesten Sohn der Stadt, dem Dichter Jean Paul. Nur wenige Häuser entfernt wurde er 1763 als Johann Paul Friedrich Richter geboren, ein Zeitgenosse Goethes. Jean Paul wuchs in ärmlichen Verhältnissen auf und hinterließ zahlreiche, seinerzeit viel gelesene Romane, die gerne in einem altfränkischen Milieu spielen. Seine eigenwillige,

oft humoristische Erzählkunst ragt jedoch weit über die volkstümliche Literatur mit Lokalkolorit hinaus. Er starb 1825 erblindet in Bayreuth.

Sein Kollege Johann Wolfgang von Goethe begeisterte sich für das ➡ **Felsenlabyrinth Luisenburg** ⑭ bei Wunsiedel, dessen »ohne alle Richtung und Ordnung übereinander gestürzte Felsen mir einen Anblick gaben, dessengleichen mir auf allen meinen Wanderungen nicht wieder vorgekommen«. Schrieb's und fügte eine wissenschaftliche Erkenntnis des Entstehungsmechanismus hinzu: »Der aus großen Tiefen nach oben drängende Granit hatte das Deckgebirge angehoben; durch Verwitterung verschwand dasselbe im Laufe von Jahrmillionen, während der harte Granit stehen blieb.« Erst 1790 machte man den wilden Nordostteil des Kösseine-Massivs begehbar und nannte ihn nach der preußischen Königin Luise; Felsen und Grotten erhielten die Namen von Königen und Dichtern. Eine Kletterpartie durch das Labyrinth dauert eine Stunde. Die erste Freilichtbühne Deutschlands, zusammen mit dem Felsengarten eröffnet, bietet ein buntes Sommerprogramm. Sportlich Interessierte können rund um die Luisenburg die Stöcke schwingen. Acht

WALDHAUS MEHLMEISEL

Mehr als ein Waldmuseum: Hier sind junge Umweltdetektive unterwegs; sie sehen, riechen, hören und fühlen Wald und Wasser, Bäume und Blumen, kleine und große Tiere. Eine interaktive Ausstellung informiert über das Ökosystem Wald. In den Freigehegen lassen sich Rothirsche und Wildschweine beobachten und auch gerne füttern (Bild). Das interessante Waldhaus (Ausschilderung) liegt etwa 2,5 km oberhalb des Ortes Mehlmeisel südlich vom Fichtelseemoor **9**.

Routen unterschiedlicher Schwierigkeit sowie Einsteigerkurse und Nachtläufe organisiert das Nordic-Walking-Zentrum Luisenburg. Durch das Felsenlabyrinth gelangt man auch zur **Kösseine** **15**. Kürzer ist der Weg vom Wanderparkplatz Fahrenbach (zwischen Nagel

und Tröstau). Den 939 m hohen Gipfel schmückt ein Aussichtsturm und das ganzjährig bewirtschaftete Kösseinehaus des Fichtelgebirgsvereins. Übernachtungen sind möglich. Südlich der Kösseine steht in **Brand** **16** das Geburtshaus Max Regers (1873 bis 1916). Hier schrieb er 1898–1901 einen Teil seiner Kompositionen – Musik, die als schwierig für Hörer und Interpreten gilt. Die bekanntesten Werke, die Mozartvariationen und Klarinetten-Quintette, entstanden in seinen letzten Lebensjahren. Das Max-Reger-Gedächtniszimmer kann nur nach Vereinbarung besichtigt werden.

Vom rohen Stein zum Porzellan Das Städtchen Selb, nahe der tschechischen Grenze, ist bekannt für seine herausragenden Porzellane. Im **Europäischen Industriemuseum für Porzellan** **17** kann man sich auf eine Zeitreise durch die Geschichte der Porzellanherstellung begeben. Das Museum ist in einer alten Porzellanfabrik von 1866 eingerichtet, etwas außerhalb von Selb (Richtung Schönfeld). Nicht weniger traditionsreich sind die Techniken der Stein- und Holzkohlegewinnung, die man in ➡ **Häuselloh** **18**, einem südöstlich gelegenen Stadtteil Selbs, kennenlernen kann. Der Schausteinbruch Häuselloh zeigt die Kunst des Steinbrechens und der anschließenden Bearbeitung. Bis 1976 wurde hier ein Granit gewonnen, aus dem wegen

Schwefelgelb färben Flechten das felsige Ufer der schnell dahinfließenden Eger.

Ungewohnt ist so eine Exkursion durchs Moor, zugleich spannend und lehrreich.

seiner Feinkörnigkeit und Eisenarmut die Kollergänge (Mahlwerke) für die Porzellanindustrie hergestellt wurden.

Eng verbunden mit dem Schausteinbruch ist das alljährliche Meilerfest der nahen Köhlerei

---

SCHLÜSSELBLUME *(Primula elatior)*

Schon im zeitigen Frühjahr locken die Frühlingsboten in die Wälder, aber auch auf feuchten Wiesen und am Bachrand leuchten ihre hellgelben Blüten. Die Hohe Schlüsselblume mag im Gegensatz zur Echten Schlüsselblume feuchte Standorte. Der Nektar der Schlüsselblume befindet sich tief unten in der Blütenröhre, es kommen daher nur langrüsselige Arten wie Hummeln und Schmetterlinge als bestäubende Insekten infrage. Die geschützte Pflanze kommt auf feucht-basischen Wiesen in ganz Mitteleuropa vor.

Häuselloh. Im waldreichen Fichtelgebirge war Holzkohle ein natürlicher und effektiver Energielieferant. Diese wurde in Meilern – schwelende, mit Erde abgedeckte Holzhaufen – gewonnen. An die 100 Meilerplätze sind hier bekannt. Der Meiler der Köhlerei Häuselloh wird jedes Jahr im Mai aufgebaut und im Juni angezündet.

Zum Programm gehört eine 2,5-stündige Exkursion ins nahe Häusellohmoor. 150 Jahre lang wurde hier Torf abgebaut, zunächst als Brennstoff, später auch als Heiltorf. Seit 1991 wird das 66,5 ha große Naturschutzgebiet renaturiert und bietet vielen Tier- und Pflanzenarten (50 davon auf der Roten Liste) Lebensraum. Vom schmatzenden Untergrund trennen den Naturfreund lediglich einige dünne Planken. Über den Spirken (Sumpfföhren) schweben seltene Alpenprachtlibellen. Bei diesen Übergangsmooren tritt nicht die typische Oberflächenwölbung auf, da stets eine Verbindung zum Grundwasser bestand. Häuselloh ist von der Stadtumfahrung Selb ausgeschildert. Vom Wanderparkplatz sind es 1,3 km zum Meilerplatz, zum Moor weitere 300 m (nicht ausgeschildert).

Weiter südlich liegt das verträumte Städtchen **Hohenberg an der Eger** 🔴**19**. Die berühmteste Selber Porzellanfabrik hat hier ihren Ursprung. Carl Magnus Hutschenreuther gründete 1822 die erste Porzellanmanufaktur, nachdem er jahrelang mit der Herstellung des Weißen Goldes experimentiert hatte. Das

DAS EGERTAL

Ausgangspunkt für einfache Wanderungen in zwei verschiedene Richtungen durch das Egertal ⑳ ist der Wanderparkplatz Wellerthal bei Silberbach. Flussaufwärts begleitet ein schattiger Weg den Wasserlauf bis zur Siedlung Blumenthal: eine Handvoll Häuser, dazu die fischreichen Mühlenteiche (Bild) und ungewöhnliche Stille. Hier kann man seine Angelleidenschaft befriedigen. Dann weitet sich das Tal, und alsbald ist der kleine Stausee Leupoldshammer erreicht. Unterhalb des Kraftwerks überquert ein Holzbrückchen die Eger,

und auf der gegenüberliegenden Seite des Flusslaufs gelangt man zum Ausgangspunkt zurück (4 km, einfach zu gehen). Flussabwärts erreicht man rasch den Granitfelsen Hirschsprung, von Schwefelflechten gelb gefärbt. Erlen und Weiden säumen das Ufer, hell hebt sich im Frühjahr blühende Pestwurz gegen das dunkle Wasser ab. Weitere 2 km sind es am Egerstau vorbei bis zur Königsmühle. Derselbe Weg führt wieder zurück.

Deutsche Porzellanmuseum Hohenberg dokumentiert 200 Jahre Porzellankultur.

Durch das romantische Egerland In der alten staufischen Burg Hohenberg aus dem Jahr 1222 ist neben einer Jugendherberge und einem Schullandheim eine Ökologische Bildungsstätte eingerichtet worden. Diese unternimmt grenzüberschreitende Exkursionen in das **Egertal** ⑳. Die gefundenen Objekte werden im hauseigenen Labor untersucht (Information unter www.oekoburg.de).

Die Eger entspringt am Nordwesthang des Schneeberges in 752 m Höhe und fließt 291 km ostwärts zur Elbe. Der Name ist keltischen Ursprungs und bedeutet so viel wie schnell, flink. Zwischen Schwarzenhammer und Hohenberg liegt der landschaftlich reizvollste Abschnitt des Tales. Von der Quelle bis zur tschechischen Grenze begleitet den abwechslungsreichen Flusslauf ein bequemer Weg. Eine kurze Wanderung zu den romantischsten Plätzen ist im Kasten (»Das Egertal«) beschrieben.

Hohenberg an der Eger schätzt man nicht nur als Ausgangspunkt für schöne Wanderungen in das herrliche Egerland.

25 Naturpark Steinwald
Aus hartem Urgestein haben Wind und Wetter bizarre Felsen geformt

ANFAHRT
Auf der A 93 Hof–Regensburg bis zur Ausfahrt Falkenburg, dann nach Erbendorf und von dort weiter nach Pfaben; mit der Bahn nach Wiesau

LAGE
Im nördlichen Bayern zwischen Fichtelgebirge und Oberpfälzer Wald

GRÖSSE
246 km²

HÖCHSTE ERHEBUNG
Platte (946 m)

GRÜNDUNG
1970

INFORMATION
Naturpark Steinwald
Phaben 18
92681 Erbendorf

TELEFON
09682/93 31 08

INTERNET
www.naturpark-steinwald.de

Mächtige Granitfelsen überragen die dicht mit Nadelhölzern, Rotbuchen und Ebereschen bewaldeten Hänge und Bergrücken. Sie gaben dem Steinwald, einem wahren Märchenwald, den Namen. Farne und Moose, auch der Siebenstern blühen im Verborgenen. In den Baumwipfeln verstecken sich Spechte, Habichte und Waldkäuze. Auerwild und Schwarzstörche gibt es in geringer Zahl. Das kleine Gebirgsmassiv zieht sich als Ausläufer des Fichtelgebirges von Südwesten nach Nordosten. Sein tiefster Punkt liegt mit 483 m an der Fichtelnaab, seine höchste Erhebung bildet die Platte, die mit 946 m zugleich höchster Punkt der nördlichen Oberpfalz ist. Der kleinste der bayerischen Naturparks erfreut sich aufgrund seiner Abgeschiedenheit und Urwüchsigkeit besonderer Beliebtheit.

Märchenwald zwischen bizarren Felstürmen Das Walddorf **Pfaben** ❶ hat sich dank seiner Wanderwege und Loipen in reizvoller Landschaft einen Namen gemacht. Mehrere schöne Rundwanderwege führen von hier durch den Steinwald. Die ➠ **Tannenzapfenfelsen** ❷, die imposanteste der Felsformationen, sind nur wenige hundert Meter vom Parkplatz entfernt. Ein blaues Rechteck auf weißem Grund kennzeichnet den Weg, der als Waldlehrpfad weiter bergan bis zum Oberen Saubadfelsen führt. Handgemalte Schilder berichten von der Entstehung dieser Wald- und Steinlandschaft, über Tier- und Pflanzenwelt. Der Pfad ist nicht immer leicht zu finden, denn der Fichtenwald bleibt sich hier selbst überlassen.
Vom **Oberen Saubadfelsen** ❸, der über eine steile Treppe erklommen werden kann, hat man einen weiten Blick auf die sich im Abendlicht rötenden Felsen des Steinwaldes: in der Ferne die Kuppen des Fichtelgebirges, näher die Vulkankegel von Armesberg und Rauhem Kulm. Wem das nicht genügt, der wird weiterwandern zu den Huberfelsen, den Räuberfelsen oder zum Durchbrochenen Felsen.
Unweit des Oberen Saubads liegt das Waldhaus mit **Rotwildgehege** ❹. Das 4 ha große Gehege besteht schon seit 1970; zum Rudel gehören hell

---

PFARRKIRCHE WALDECK

Der äußere Anblick der 1731 geweihten Kirche St. Johannes Nepomuk in Waldeck ❾ lässt kaum erahnen, welche barocke Pracht sich im Kircheninneren entfaltet. Als 1794 der Marktflecken Waldeck samt Kirche niederbrannte, wurde das Dorf um St. Johannes

Nepomuk, damals nur eine nahe gelegene Wallfahrtskapelle, wieder aufgebaut. Die Kapelle war von ansehnlicher Größe. Ihre prächtigen Fresken von Otto Gebhard erinnern an die Werke des berühmten Rokokomeisters Cosmas Damian Asam, bei dem Gebhard als junger Mann gearbeitet hatte. Das Deckenfresko (Bild) berichtet vom Märtyrertod des 1729 heilig gesprochenen Johannes Nepomuk (1350-1393), der in Prag von der Brücke in die Moldau gestoßen wurde und noch heute als Brückenheiliger verehrt wird.

getupfte Jungtiere, die im Frühjahr zur Welt gekommen sind. In der Brunftzeit, ab Mitte September, ist das laute Röhren der Hirsche schon von Weitem zu vernehmen.

Am Waldhaus zweigt der Weg zur Platte ab. Von Pfaben bis zum Aussichtspunkt ⮕ **Oberpfälzer Turm ⑤**, hoch oben auf der Platte, sind es 8 km (Ausschilderung Oberpfälzer Turm). Der alte Turm, Wahrzeichen der Oberpfalz, wurde wegen Baufälligkeit im Jahr 2000 durch einen 33 m höheren Neubau ersetzt. Der Ausblick gilt als der schönste der Oberpfalz. Vom Oberpfälzer Turm etwa eine halbe Wegstunde zur **Ruine Weißenstein ⑥**, die sich rascher vom Parkplatz an der Straße Friedenfels–Poppenreuth erreichen lässt. Von der 1279 erstmals erwähnten Burg waren bis zum Jahr 1995 kaum mehr als der auf einer hohen Felsenklippe errichtete Bergfried sowie zwei einsturzgefährdete Mauerreste erkennbar. Nach umfangreichen Restaurierungsarbeiten bietet sie heute eine romantische Kulisse für Konzerte, Theateraufführungen und andere Kulturereignisse.

Quellen und Weiher – ein wasserreiches Land

Der Steinwald ist reich an Quellen. Das Wasser sprudelt aus Felsspalten und hat eine gute Qualität. Hier findet man eine der eisenreichsten Quellen in ganz Europa: Das König-Otto-Bad bei **Wiesau ⑦** war bis in das letzte Jahrhundert hinein ein Kurbad und wird noch heute als Mineralwasserbrunnen genutzt.

Röhricht und Schilf säumen die naturnahe **Weiherlandschaft ⑧** um Muckenthal und entlang der Bahnlinie Reuth–Wiesau. Viele dieser wertvollen Naturräume entstanden als Fischteiche bereits im Mittelalter. Im Süden und Osten ist der Steinwald von den Basaltkuppen des Kemnather Landes und des Nördlichen Steinwaldes umgeben, deren markanteste Erhebungen der Parkstein bei Weiden und der Rauhe Kulm bei Kemnath sind. Der 641 m hohe Schlossberg bei ⮕ **Waldeck ⑨** und der 731 m hohe **Armesberg ⑩** sind begehrte Ausflugsziele im Naturpark Steinwald.

ANFAHRT
Eine direkte Autobahnverbindung zum lang gestreckten Naturpark gibt es nicht; über die A 72 Hof–Chemnitz, Abfahrt Plauen Süd, und die B 92 gelangt man nach Bad Elster; viele Ortschaften im Naturpark lassen sich auch mit der Bahn erreichen

LAGE
Im südlichen Sachsen entlang der sächsisch-böhmischen Grenze

GRÖSSE
1495 km^2

HÖCHSTE ERHEBUNG
Großer Fichtelberg (1214 m)

GRÜNDUNG
1990

INFORMATION
Naturpark Erzgebirge/Vogtland
Schloßplatz 8
09487 Schlettau

TELEFON
03733/62 21 06

INTERNET
www.naturpark-erzgebirge-vogtland.de

Das Erzgebirge hat das ganze Jahr Saison – ob nun die Schmelzwasser zu Tal rauschen, der Sommer mit bunten Waldwiesen lockt, im Herbst die knallroten Vogelbeeren aufleuchten oder wirbelnde Schneeflocken die alles beherrschende, stimmungsvolle Zeit der Erzgebirgler Weihnacht ankündigen.

Traurige Bekanntheit erlangte das Erzgebirge durch seine vom sauren Regen zerstörten Wälder und Berghänge. Aber die Natur stellt ihre Selbstbehauptungskräfte eindrucksvoll unter Beweis: Allerorten hat ein junger, naturnaher Bergwald die alten Monokulturen ersetzt, in den urtümlichen Quell- und Hochmooren finden selbst Relikte aus der Eiszeit eine Zuflucht, und die Bergwiesen betören durch ihre bunte Blumenpracht.

Von Norden, von der sächsischen Seite her, steigt das Erzgebirge nur langsam an. Oftmals teilt sich der Eindruck einer Hochfläche mit, obgleich der Gebirgszug von eingeschnittenen Tälern zerteilt wird und die Berge eine beträchtliche Höhe erreichen. Nach Süden, nach Tschechien, fällt das 130 km lange und bis zu 40 km breite Gebirge steiler ab. Die Trennlinie zwischen dem Erzgebirge und dem Vogtland markiert mit einem Höhenunterschied bis zu 200 m die Schönecker Landstufe.

Der aufmerksame Naturfreund entdeckt auf seinen Wanderungen durch das Erzgebirge und das Vogtland allenthalben glitzerndes Gestein. Der Name verrät es: Der Reichtum des Erzgebirges liegt tief in der Erde und wurde durch den im späten Mittelalter beginnenden Bergbau ans Tageslicht befördert: Silber, Blei, Zinn und Eisen. Als das Gebirge zwischen Sachsen und Böhmen noch von einem zusammenhängenden, fast undurchdringlichen Wald bedeckt war, nannte man es Miriquidi, dunkler Wald. Besiedelt wurde das Gebiet ab dem 12. Jahrhundert. Harzer Bergleute brachten die Kunst des Bergbaus in diese Region, der im 15. Jahrhundert seinen Höhepunkt erreichte. Seit dem 17. Jahrhundert ging die Förderung der Bodenschätze zurück, erlebte aber durch den Uranabbau im 20. Jahrhundert eine Renaissance.

Schöne Aussichten auf den Fichtelberg und den Stausee Cranzahl genießt man vom 896 m hohen Bärenstein.

Klingendes Vogtland Bad Elster ❶, ein altes Moorheilbad, liegt im Tal der Weißen Elster im Dreiländereck zwischen Tschechien, Bayern und Sachsen. Bis zu 650 m steigen die umliegenden Berge an, von idyllischen Wäldern bedeckt. Die Weiße Elster wird von zahlreichen kleinen Bächen gespeist, so entsteht zu allen Jahreszeiten ein mildes Reizklima. Der weitläufige Kurpark mit seinen Quellen und Bademöglichkeiten zählt zu den schönsten in Deutschland. 46 km ausgeschilderte Wanderwege verlocken zu ausgedehnten Spaziergängen.

Die höchste Erhebung des kleinen Elstergebirges auf der deutschen Seite ist der 765 m hohe **Kapellenberg ❷**, der – geologisch betrachtet – zum viel weiter entfernten Fichtelgebirge gehört. Vom Aussichtsturm (bis 31.10. Di–So und Feiertage von 10– 17 Uhr) oberhalb Schönbergs, der anhand alter Baupläne 1993 neu errichtet wurde, reicht der Blick weit bis in das Vogtland hinein.

Markneukirchen ❸, stolz das sächsische Cremona genannt, erlangte wie die oberitalienische Stadt seinen Weltruf durch den Geigenbau. Bereits im Jahr 1677 gründeten zwölf Geigenbauer aus dem benachbarten Böhmen die erste Geigenmacherinnung Deutschlands. Seither singt und klingt es über die Berge im Vogtländischen Musikwinkel. Das Musikinstrumentenmuseum im Paulusschlössel zeigt über 3000 Instrumente aus aller Welt. Aus dem Innenhof des spätbarocken Bürgerhauses klingen an Sonntagen die wunderbarsten Konzerte durch die Sommerabende.

Es muss nicht immer die große Oper sein, im traditionsbewussten Vogtland und im Erzgebirge ist immer noch die Volksmusik gefragt. In **Klingenthal ❹** hat man sich auf den Bau von Akkordeon, Harmonika, Concertina und Bandoneon spezialisiert. In der Schaumanufaktur Akkordeonbau darf man den Instrumentenmachern bei der Arbeit über die Schulter schauen. Drei Führungen werden je Werktag für Gruppen angeboten. Besonderes Ansehen genießt jährlich der Internationale Akkordeonwettbewerb im Mai. Ab 2010 werden auch Bandoneongruppen musizieren. Ein Preisträger in Klingenthal gewesen zu sein, war für viele meisterhafte Akkordeonisten der Anfang ihrer Karriere.

In Seiffen weiß man, wo es langgeht: Tradition bleibt gefragt.

Schätze der Erde und Schätze der Sterne Nördlich von Klingenthal erhebt sich der 883 m hohe ➠ **Schneckenstein ❺**. Mit dem Besucherbergwerk Grube Tannenberg, dem sehenswerten Mineralienzentrum und seinem kleinen Skilift wäre es wohl nicht mehr als ein beliebtes lokales Ausflugsziel.

HOCHMOORGELBLING (Colias palaeno)

Der Falter ist durch das Verschwinden natürlicher Hochmoore sehr gefährdet. Seine Raupe lebt ausschließlich an der Rauschbeere, die nur in Hochmooren oder ähnlichen Biotopen vorkommt. Er fliegt von Juni bis August. Die Grundfarbe von Ober- und Unterseite des Männchens ist zitronengelb, die Oberseite des Weibchens weiß.

Die Natur lieferte jedoch eine Attraktion, den 23,7 m hohen Topasfelsen, einzigartig in Europa. Einen weiteren Stein dieser Art gibt es nur noch auf der anderen Seite der Erde: den Mount Bischoff in Tasmanien. Wie der Name vermuten lässt, wurden im Topasfelsen Edelsteine gefunden. Seit 1724 brach man die gelben Halbedelsteine aus dem Felsen, zuerst unerlaubt, dann im Auftrag des sächsischen Kurfürsten. Die größten Topase waren beachtlich: 10 cm lang und 5 cm breit, zu besichtigen im Grünen Gewölbe in Dresden. Die englische Königskrone zieren 485 Topase vom Schneckenstein. Der Abbau der Zeche Königskrone war so ertragreich, dass der Felsen bis 1800 um zwei Drittel geschrumpft war. Seit 1937 steht er nun unter Naturschutz und kann gegen einen geringen Obolus besichtigt und bestiegen werden. Der Fels liegt nur wenige hundert Meter vom Parkplatz der Siedlung Schneckenstein entfernt im Wald.

Im Falle des abseits gelegenen, verträumten Ortes ⮕ **Morgenröthe** ➏ liegt das Besondere nicht in der Erde, sondern im Himmel. Kenner wissen es: Morgenröthe ist der Geburtsort des Kosmonauten Sigmund Jähn, der am 26. August 1978 mit der Raumkapsel Sojus 31 in den Weltraum flog und sieben Tage auf der sowjetischen Orbitalstation Saljut 6 verbrachte. Später promovierte der erste Deutsche im All im Fach Physik. Die **Deutsche Raumfahrtausstellung** ➐ in Morgenröthe-Rautenkranz zeigt deutsche Raumfahrtprojekte, naturgetreue Modelle, originale Raumanzüge und einzigartige Bilddokumente der ESA und NASA auf Videos (www.deutsche-raumfahrtausstellung.de, täglich 10–17 Uhr geöffnet).

Fallende Wasser und Raritäten in Wald und Flur Das Erzgebirge ist reich an Fließgewässern. Stehende Gewässer hingegen sind selten, die meisten größeren Seen wurden von Menschenhand geschaffen. Auch der Wasserfall in **Blauenthal** ➑ ist keine Laune der Natur. Nach dem Ersten Weltkrieg wurde oberhalb der Felswand ein Wassergraben für eine Papierfabrik angelegt. An Feiertagen und am Sonntag standen die Maschinen still, das umgeleitete Wasser stürzte über eine Felswand zu Tal. Seither besteht dieses schöne Ausflugsziel (von Blauenthal ein kurzes Stück in Richtung Zimmersachermühle). Die neue Trendsportart heißt Canyoning: Man seilt sich inmitten des strömenden Wassers ab, sogar im Winter ersteigen verwegene Kletterfreunde den bizarr gefrorenen Wasserfall. Wer es weniger aufregend mag, wandert nach kurzem Aufstieg den beschriebenen Wassergraben entlang; der Abstieg ins Tal führt an mehreren romantischen Fischteichen vorbei.

Sehr beliebt: Canyoning im Blauenthaler Wasserfall

Das Städtchen Sosa mit Kirche und Fachwerkhäusern kuschelt sich in eine heitere Erzgebirgslandschaft.

Einen schönen Blick auf den **Stausee Sosa** ❾ und den Auersberg, den zweithöchsten Gipfel des Erzgebirges, hat man von der Freilichtbühne Sosa oder von der Staumauer aus, die in den Jahren 1949–52 errichtet wurde (ab Parkplatz Sosa-Stausee).

Der Gipfel des 1018 m hohen **Auersbergs** ❿ lässt sich bequem mit dem Auto ansteuern. Unterhalb von Aussichtsturm und Berghotel erfreut im Sommer ein Botanischer

> **FEUERLILIE** *(Lilium bulbiferum)*
>
> Die Wildlilie ist besonders im Erzgebirge und in den Alpen zu Hause. Als Blumenmotiv spielt sie in der Kunst der flämisch-niederländischen Malerei eine Rolle, in den Kräuterbüchern des 16. Jahrhunderts findet man sie als »goldt gilg«. Die Feuerlilie ist als Gartenpflanze sehr beliebt, die Wildpflanze ist jedoch in Deutschland vom Aussterben bedroht.
>
>

Berggarten die Pflanzenliebhaber, im Winter schnallt man sich die Bretter unter, zu einer Talfahrt (Lifte sind vorhanden) oder zum Skiwandern.

Eine der schönsten Wanderungen am Auersberg führt in das **Steinbachtal** ⑪. Der Rundwanderweg ist als Naturlehrpfad angelegt und beginnt in Steinbach (Parkmöglichkeit), westlich von Johanngeorgenstadt. Schon nach 2 km erreicht man die Teufelssteine; die 30 m hohen Granitfelsen rücken dicht an das Bachbett heran. Niederschläge und Frost furchen Klüfte und Spalten in den groben Stein und verleihen ihm markante Formen. Südlich von Steinbach erreicht man nach 2 km Weg den **Kleinen Kranichsee** ⑫, ein intaktes Hochmoor auf über 930 m Höhe. Ein Holzsteg führt zu einem kleinen Aussichtsturm, der einen Blick in das Moor erlaubt: Wollgräser, krumm gewachsene Moorkiefern, Krussel genannt, auf federndem Torf. Der äußerst seltene Hochmoor-Gelbling, ein Relikt aus der Eiszeit (siehe Seite 126), auch die Smaragdlibelle und die Hochmoor-Mosaikjungfer fühlen sich hier wohl. Ungewöhnlich sind die Schlenken in der bis 9 m starken Torfschicht. Diese mehrere Meter langen Wassergräben entstehen durch die Bewegung der Moorschichten zueinander, sie verändern sich und wandern. Das Kleine Kranichmoor kann auch von der nahen Gaststätte Henneberg (Anfahrt über Johanngeorgenstadt, Ortsteil Jugel) erreicht werden. Der freundliche Wirt ist zugleich Naturschutzwart

Nur zu Forschungszwecken darf das Hochmoor Kleiner Kranichsee mit seinen seltenen Insekten und Moorpflanzen betreten werden.

und erläutert gern das Einzigartige des Moors und seiner Bewohner; er gibt gerne über botanische Raritäten aus Wald und Flur Auskunft.

Fichtelberg – die Natur erholt sich

Johanngeorgenstadt ⑬ gilt als Ursprungsort des Schwibbogens, der erzgebirgische Weihnachtsbräuche mit bergmännischem Gedankengut vereint. Zu Weihnachten erstrahlt dieser typische Lichterbogen in allen Fenstern, in Vorgärten, auf Balkonen und Märkten im tief verschneiten Erzgebirge und vermittelt ein Gefühl von Wärme und Geborgenheit. Ein Besuch des Schaubergwerks Glöckl (in unmittelbarer Nähe des Grenzübergangs) lohnt sich.

Der ⟹ **Große Fichtelberg** ⑭ ist nicht nur der höchste Berg Sachsens, sondern auch das beliebteste Ausflugsziel im Erzgebirge. Die schöne Anfahrt und die weite Aussicht locken im Sommer Tausende auf den Gipfel, im Winter auf die Abfahrtspisten oder auf die Loipen im glitzernden Pulverschnee. Wer es noch kühner mag, fliegt wie Jens Weißflog über den Schanzentisch.

In den 1970er- und 1980er-Jahren wurde der Fichtelberg vom Baumsterben heimgesucht. Nur vereinzelt trotzten ein paar verkrüppelte Nadelbäume den Industrieabgasen. Auf dem Fichtelberg erlebt man, wie rasch sich die Natur erholt: Junger Bergwald wächst nach, in wenigen Jahrzehnten wird wieder ein dichter

Hochwald den Gipfel umkränzen. Einen Einblick in den Naturzustand des Erzgebirges gibt das **Naturschutzgebiet Zechengrund** ⑮ südwestlich von Oberwiesental. In dem idyllischen Kerbtal dominieren Bergwiesen, Quellfluren und Waldflächen mit Fichten und Ebereschen, zwei typische Baumarten für das hohe Fichtelgebirge. Auf einem 2,4 km langen Weg informieren 17 Schautafeln über Wissenswertes zu Natur und Naturschutz. Ausgangspunkt ist der Parkplatz Hotel Am Fichtelberg an der B 95.

Der bekannte Kurort **Oberwiesenthal** ⑯ liegt zu Füßen des Fichtelberges. Eine Fahrt auf den 1215 m hohen Fichtelberg mit der Seilschwebebahn ist zu jeder Jahreszeit ein Erlebnis. Berühmt sind die Sprungschanzen für internationale Wettkämpfe. Bergtypische Freizeitattraktionen wie der Hochseilgarten für Kletterfreunde und ihren Nachwuchs sind beliebt, eine Skiarena und Skischule, Abfahrten vom Fichtelberg, gut präparierte Loipen sowie eine Schwimmhalle lassen keine Langeweile aufkommen.

Den schönsten Blick auf den Fichtelberg und die weitläufige Gebirgslandschaft mit dem Cranzahler Stausee hat man vom etwa 10 km nördlich gelegenen **Bärenstein** ⑰. Der fast 900 m hohe Tafelberg ist jedoch auch aus biologischer Sicht interessant. Bedingt durch die klimatischen und geologischen Verhältnisse

DER KÖHLERWEG

Zwei Rundwanderwege bei Sosa bilden den sogenannten Köhlerweg. Auf beiden Routen sind alte Meilerstätten des historischen Köhlerhandwerks zu entdecken. Mit dem Bergbau entstanden im Erzgebirge viele Hammerwerke. Die zum Schmelzen

der Metalle erforderliche Holzkohle stellten die Köhler der Umgebung her. Zwei dieser Meiler sind sogar noch in Betrieb. Bei der Köhlerei Marggraf (Bild) am Parkplatz Stausee Sosa 9 beginnt die 7 km lange Südschleife, an der Straße zwischen Sosa und Schwarzenberg liegt die Köhlerei Gläser, Ausgangspunkt der 3 km langen Nordschleife. Beide Wege bieten zudem schöne Panoramsichten über das waldreiche Westerzgebirge und das kleine Städtchen Sosa. In einer der verschiedenen Gaststätten des Ortes kann man eine Verschnaufpause einlegen.

weist die hier häufige Eberesche ungewöhnliche Wuchsformen auf. Farne, Goldnesseln und Alpenmilchlattich, Kreuzottern und Waldeidechsen finden ihre Lebensräume, Turmfalken und Raufußkäuze beherrschen die Lüfte (Anfahrt zum Gipfel mit Gaststätte und Parkplatz über Bärenstein).

Das Städtchen **Annaberg-Buchholz** ⑱ gilt als kulturelles und wirtschaftliches Zentrum des Erzgebirges. In seiner Glanzzeit war Annaberg größer und reicher als Leipzig. Wie wohlhabend das Erzgebirge während der Hochphase des Bergbaus, des Bergkgeschreys war, zeigt die von 1499–1525 errichtete St.-Annen-Kirche. Äußerlich schlicht, ja abweisend, offenbart sich der spätgotische Bau im Inneren grandios – mit herrlichem Rippengewölbe und prächtiger Ausstattung. Das reiche Annaberg-Buchholz war die Heimat des großen Rechenmeisters Adam Ries (1492 bis 1559), ihm wurde in der Johannisgasse 23 ein Museum gewidmet. Interessant ist, dass Adam Ries seine Bücher nicht, wie es damals üblich war, in lateinischer Sprache verfasste, sondern in deutscher.

Das älteste Museum der Stadt ging aus einer 1436 errichteten Getreidemühle hervor, dem **Frohnauer Hammer** ⑲. Bis 1904 diente die Anlage als Münze und Hammerschmiede – eines der wenigen original erhaltenen Hammerwerke, drei Schwanzhammer und die Blasebalganlage sind bis heute funktionstüchtig (Ortsteil Frohnau, Schmatalstraße 3, täglich 9–12 und 13–16 Uhr).

Der Schneckenstein ist der einzige Topasfelsen Europas: Im 17. Jahrhundert wurden 2/3 des Felsens bei der Gewinnung des Minerals Topas abgebaut.

Butterfässer, Orgelpfeifen, Palmwedel Ins Erzgebirge haben es die Annaberger nicht weit. Der Hausberg, Erosionsrest eines ehemaligen Lavastroms, liegt unmittelbar östlich der Kreisstadt. Der **Pöhlberg** ⓴ besteht wie seine Nachbarn Bärenstein und Scheibenberg überwiegend aus Basalt. Seine imposanten Basaltsäulen wurden vom Volksmund Butterfässer getauft. Auf dem 831 m hohen Pöhlberg befinden sich eine Ausflugsgaststätte und ein Aussichtsturm. Im Annaberger Stadtwald, zu seinen Füßen, wurde ein Wildtiergehege angelegt.

Am **Scheibenberg** ㉑, nahe der gleichnamigen Stadt, ragen die Basaltpfeiler wie Orgelpfeifen in die Höhe. Sie tragen auch diesen Namen. Der ehemalige Steinbruch liegt in umittelbarer Nähe zur Skisprungschanze. Der moderne 22,4 m hohe Aussichtsturm auf dem Scheibenberg ist mit seinem achteckigen Grundriss den Basaltsäulen nachempfunden. Am südöstlich gelegenen ➠ **Hirtstein** ㉒ weist der Basaltaufbruch eine Fächerform auf. Das Geotop erhielt den passenden Namen Palmwedel, andere Stellen erscheinen wie eine Riesentreppe. Diese Zeugnisse des Vulkanismus im Erzgebirge befinden sich gleich an der Gaststätte mit Parkplatz auf dem von bunten Wiesen geschmückten Hirtsteingipfel.

Hohe Berge und tiefe Täler, da lässt sich vortrefflich wandern, so etwa in **Königswalde** ㉓

Im Zeitalter von Gameboy und Internet dürften manche Sprösslinge wohl die Nase rümpfen über die erzgebirgische Schnitzkunst. Doch ein Besuch in dem modern gestalteten Spielzeugmuseum offenbart eine wahre Wunderwelt. Der Innenraum erstreckt sich über drei Etagen, in seiner Mitte steht eine 6,30 m hohe Pyramide. Auf nahezu 1000 m² sind über 5000 Holzspielzeuge, Figuren, erleuchtete Puppenhäuser und Ritterburgen oder Guckkästen mit ganzen Spielzeuglandschaften zu bestaunen. Die originalgetreu eingerichteten Stuben mit dem Wohn- und Arbeitsmilieu der Jahrhundertwende erzählen von der harten Arbeit an der Drechselbank (Bild), aber auch von Brauchtum und Volkskunst. Seiffen ㉕ liegt im Osterzgebirge, Anfahrt über Freiberg oder Frauenstein.

Mit einem Palmwedel vergleichen Geologen die ungewöhnliche Basaltformation auf dem Hirtstein.

So idyllisch wie im Erzgebirgischen Freilichtmuseum in Seiffen sah es früher überall im Erzgebirge aus.

im schönen Pöhlatal. Ein Kulturlandschaftspfad führt auf verschiedenen, 5 bis 12 km langen Themenrouten über alte Steinbrücken, vorbei an klappernden Mühlen und betagten Bauernhöfen. Ausgangspunkt ist der Parkplatz Brettmühle im Pöhlatal. Vom stilvollen Bahnhof in Jöhlstadt dampft eine alte Museumsbahn durch das reizvolle Presnitztal bis nach Steinbach. Die **Presnitztalbahn** 24 verkehrt nur an Wochenenden und Feiertagen (Fahrplan: www.pressnitztalbahn.de).

An zwölf Monaten im Jahr ist ➡ **Seiffen** 25 für die Weihnachtstage gerüstet. Nussknacker, Räuchermännchen, Lichterpyramiden und Kerzen tragende Engel dekorieren das Städtchen zu jeder Jahreszeit. In weit über 100 Schauwerkstätten und privaten Handwerksbetrieben unter spitzgiebeligen Dächern schnurren Drechselbänke, wirbeln Hölzspäne, werden Spielzeuge und Weihnachtsfiguren gefertigt, bemalt, verpackt und in alle Welt gesandt. Stolz nennt sich Seiffen das Spielzeugdorf im Erzgebirge.

Das Drechseln hatte in der holzreichen Erz-Region schon immer große Bedeutung, eine Schule widmet sich der Ausbildung des Nachwuchses für dieses traditionsreiche Handwerk. Einen Überblick über die Spielzeugproduktion gibt das Spielzeugmuseum in der Hauptstraße 73 (Seite 130). Aber auch andere Traditionen wie die Bergknappschaft spielen in Seiffen eine wichtige Rolle.

Im **Erzgebirgischen Freilichtmuseum** 26 (Hauptstraße 203) sind historische Häuser, Schuppen und Scheunen zu begehen, sogar eine alte Trafostation von 1903; in den Bauerngärten blühen Lupinen, Stockrosen und Schwertlilien. Einem Reifendreher darf man bei der Arbeit zuschauen, seine Drechselbank wird von einer Wasserkraftanlage von 1760 angetrieben. Im Teich wartet angeflößtes Holz auf seine Verarbeitung. Am schönsten ist es hier jedoch immer zur Weihnachtszeit, wenn der tief verschneite Ort mit seiner achteckigen Kirche im hellen Lichterglanz des erzgebirgischen Weihnachtsschmucks erstrahlt.

Und wieder Musik – silberne Orgelklänge

Der Name Silbermann hat in Sachsen einen ganz besonderen Klang, Silbermannorgeln gelten als die Meisterwerke des barocken Orgelbaus. Klanglich war Silbermann durch die französische Klassik beeinflusst. Von 46 Orgeln aus der Silbermann-Werkstatt in Freiberg sind noch 31 erhalten. Für den Wiederaufbau der Dresdner Frauenkirche wurde die originale Silbermannorgel aufwendig rekonstruiert. In der Heimatstadt des berühmten Orgelbauers Gottfried Silbermanns (1683 bis 1752), in **Frauenstein** 27, informiert eine museale Gedenkstätte die Musikliebhaber und -kenner über Leben und Werk der hochbegabten und weltweit berühmten Handwerkerfamilie.

27 Nationalpark Sächsische Schweiz

Wandern, Bergsteigen und Bootsfahrten – ein grenzenloses Vergnügen

ANFAHRT
Am Autobahn-Dreieck Dresden-West von der A 4 auf die A 17 (Richtung Prag) bis zur Abfahrt Pirna und weiter über Lohmen zur Bastei; mit der Bahn fährt man nach Oberrathen an der Bastei

LAGE
Teil des Elbsandsteingebirges in Sachsen, 30 km südöstlich von Dresden

GRÖSSE
93,5 km²

HÖCHSTE ERHEBUNG
Großer Winterberg (556 m)

GRÜNDUNG
1990

INFORMATION
Nationalpark Sächsische Schweiz
An der Elbe 4
01814 Bad Schandau

TELEFON
035022/90 06 00

INFOHÄUSER
Schweizerhaus, Amselfallbaude, Blockhaus Brand, Eishaus, Zeughaus, Haus Beize mit Waldfreigelände Waldhusche

INTERNET
www.nationalpark-saechsische-schweiz.de

Welche gewaltigen Kräfte formten dieses Schauspiel der Natur – dieses Felslabyrinth aus Türmen, Toren und Kaminen, aus Gesimsen, Terrassen und Ebenheiten, dieses Ensemble aus Trockentälern und Feuchtwiesen – ein Wunder für uns. Wer sehnt sich nicht nach diesem erhebenden Gefühl des Einsseins mit der Natur? Hier im Nationalpark Sächsische Schweiz wird es erlebbar, wenn man in aller Frühe die Felsen der Schrammsteine über steil ansteigende Pfade, Treppen und Eisenleitern erklimmt und plötzlich auf der schmalen Torsteinaussicht wie zwischen Himmel und Erde vor einer überwältigenden Kulisse steht. Die verwitterten Felsen des Schrammsteintores wandeln ihre Farben beständig im seidigen Glanz der aufgehenden Sonne, in blauer Ferne erheben sich majestätisch die merkwürdig anmutenden Tafelberge des Lilien- und des Königsteins; eine kleine Birke, die ihren Lebensraum dem kargen Felsen abtrotzt, glitzert im Frühtau.

Das Elbsandsteingebirge ist eigentlich gar kein Gebirge: Vor rund 100 Millionen Jahren ließ das abfließende Kreidemeer eine 600 m starke Sandschicht, den Meeresgrund, zurück. Der Boden verfestigte sich. Über Jahrmillionen zerklüftete die Erosion diese Schichttafel; Elbe und kleinere Flüsse fraßen sich ein und ließen eine Ruinenlandschaft aus Quadersteinen, die allmählich zu Sand zerfällt. Es bildeten sich drei Stockwerke: Zu den Tafelbergen und der Ebene kommen die markanten Täler, Gründe und Schluchten. Höhenunterschiede bis zu 450 m geben dieser Sandsteinlandschaft ein ganz eigenes Gepräge, ergänzt von kegelförmigen Basaltbergen und angrenzenden Hanglagen aus Granit.

Der klassische Blick von der Bastei über die Elbe bis hin zum Lilienstein: Impression bei Sonnenaufgang

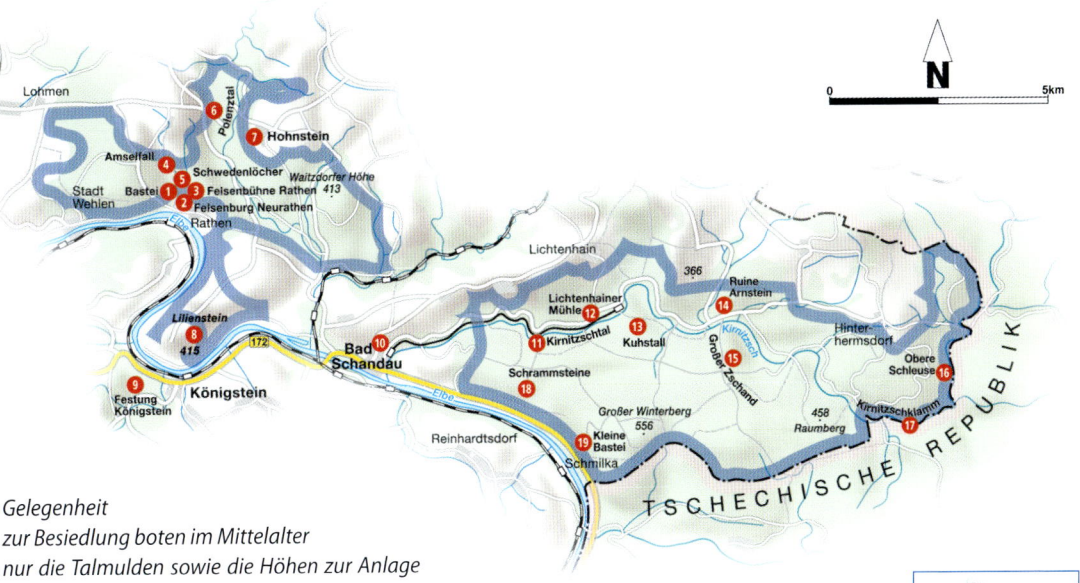

Gelegenheit
zur Besiedlung boten im Mittelalter
nur die Talmulden sowie die Höhen zur Anlage
von Burgen. Im späten Mittelalter verkamen die
ritterlichen Herrschaften jedoch zu Raubrittern
und wurden von ihren Sitzen vertrieben. Die unzugänglichen Felsgebiete boten der Bevölkerung Rückzugsmöglichkeiten und Verstecke
während kriegerischer Auseinandersetzungen,
so die Schwedenlöcher und der Große Kuhstall.

Der 1990
gegründete Nationalpark umfasst zwei Teile:
das Gebiet der viel besuchten Bastei, zu dem
auch der Lilienstein gehört, und flussaufwärts
das Elbtal und das Kirnitzschtal, die das Felsge-
birge der Schrammsteine umfassen.

Schroffe Felsen, wilde Schluchten Von Abgeschiedenheit und besinnlicher Stille in er-
habener Natur kann auf der ➡ **Bastei ❶** nun
wirklich nicht die Rede sein. Dennoch gilt dieses 305 m hoch aufragende Felsensemble mit
Recht als der Höhepunkt eines Nationalpark-
besuches. Über die steinerne Basteibrücke
gelangt man vom Tummelplatz der Kioske,
Restaurants und ganz bequem zu der mär-
chenhaften Felswelt mit ihren bekannten
Aussichtspunkten. Senkrecht fallen die Bas-
teiwände fast 200 m zur Elbe ab. Die an ganz
andere Gegenden der Welt erinnernde Silhouette der Tafelberge Lilienstein, Pfaffen-
stein und Königstein begrenzt das Flusspano-
rama. Auf der anderen Seite bietet der
Rathener Felsenkessel ein noch eindrucksvol-
leres Bild. Die engen Schluchten münden viel-
fach in größere, zum Teil durch Felsstürze entstandene Gründe, die sich zum kesselartig
geformten Amselgrund hin öffnen. Zahlreiche Einzelfelsen stehen herausgelöst, isolierte
Massive mit fantasievollen Namen wie Große
und Kleine Gans, Lamm, Lokomotive, Bienen-
korb oder Storchennest. Die Verwitterung

Wenn über der Bastei der Mond aufgeht, versinkt der Lilienstein im blauen Dunst des Abendlichts.

macht nicht Halt, Felsabgänge sind keine Seltenheit. 1948 brach der Obere Ganskopf ab und stürzte in die Schlucht.

Die Unzugänglichkeit der Basteifelsen war im Mittelalter Anlass zum Bau von Befestigungsanlagen. Reste der **Felsenburg Neurathen** ❷ mit ihren schwindelerregenden Brückenstegen können besichtigt werden (geöffnet täglich 9–18 Uhr). Der Zutritt zur Bastei ist kostenlos, die Anfahrt erfolgt über Lohmen oder Hohnstein.

Wer von der Bastei den Weg nach Rathen hinabsteigt, kann schon nach wenigen Metern den Rummel hinter sich lassen und die wilde romantische Landschaft genießen. Ob Schiller die Naturkulisse der **Felsenbühne Rathen** ❸ gekannt hat? Für seinen Wilhelm Tell jedenfalls ist diese grandiose Naturbühne unterhalb der Bastei, unweit des Städtchens Rathen, eine Traumkulisse. Bekannter jedoch sind die hiesigen Winnetou-Dramen. Bis zu 2000 Besucher

Steil abfallende Felsen in der Nähe der Bastei bilden diese enge Schlucht, die Schwedenlöcher genannt.

fasst die Felsarena, geboten wird ein vielfältiges Programm mit Inszenierungen von »Ronja Räubertochter« bis zu den »Carmina Burana«. Von der Felsenbühne führt ein Waldpfad am Grünbach entlang zum Amselsee mit Boots-

verleih und weiter zum **Amselfall** ❹. Letzterer entstand an einer Einsturzhöhle, in der sich Strudelköpfe und Auskolkungen gebildet haben. Ganz in der Nähe, in der Amselfallbaude, befindet sich eine Informationsstelle des Nationalparks (Mai–August täglich 10–17 Uhr, im September, Oktober und April täglich 10–16 Uhr).

Auf der Flucht vor den brandschatzenden und raubenden Soldaten des Schwedenkönigs im Dreißigjährigen Krieg suchte die Bevölkerung Schutz in den unzugänglichen Schluchten, den ⏩ **Schwedenlöchern** ❺. Unterhalb des Amselfalls beginnt der Auf-

FLECHTEN

Selbst Naturfreunde wissen wenig über diese interessante Pflanzengruppe. In Mitteleuropa gibt es etwa 2000 Flechtenarten, weltweit sind es zehnmal so viele. Sie entwickeln einen unglaublichen Formen- und Farbenreichtum. Auch trichterförmige Strukturen wie bei der Trompetenflechte (Cladonia fimbriata, Bild) sind nicht selten. In der Sächsischen Schweiz wurden bisher 367 Arten nachgewiesen. Am leichtesten zu entdecken ist die gelbe Schwefelflechte (Chrysothrix chlorina). Von der Wolfsflechte (Letharia vulpina) ist in Deutschland nur ein einziger Fundort bekannt, in der hinteren Sächsischen Schweiz.

stieg durch die Felsengruppe hinauf zur Bastei. Anfangs führt der Steg über eine blockreiche Halde, dann über 800 Stufen durch dämmrige, schulterenge Felsgassen und Tunnel. Totholz verkeilt sich kreuz und quer über Abgründen und Felsüberhängen, Felsbrocken versperren den Weg. In diese tiefen Schluchten verirrt sich nur selten ein Sonnenstrahl. Sie bieten zahlreichen Farnen und Moosen besten Lebensraum, die leuchtend gelbe Schwefelflechte breitet sich an den feuchten Felsen aus.

Urig geformtes Urgestein Das geologisch seltene ➡ **Polenztal** ❻ war das erste Gebiet in der Sächsischen Schweiz, das 1912 unter Schutz gestellt wurde. Der tiefe Bachlauf der Polenz führt von einem Granit- in ein Sandsteingebiet. Die Wasser haben sich im Granit v-förmig eingeschnitten, während sie im weicheren Sandstein ein u-förmiges Tal hinterließen. An diesen Uferabschnitten der Polenz ragen bis zu 100 m hohe Felswände und Steintürme schroff empor. Zur Erkundung des Polenztals bietet sich als Ausgangspunkt

Vom freundlichen Ort Hohnstein aus kann man schöne Wanderungen ins Polenztal unternehmen.

Der markanteste Tafelberg der Sächsischen Schweiz mit seiner typischen Form ist aus allen Himmelsrichtungen unverkennbar.

Hohnstein **7** an, ein schmucker Ort mit Fachwerkhäusern und einer Burg aus dem 12. Jahrhundert. Ein 6 km langer Lehrpfad berichtet von den kulturhistorischen und geologischen Besonderheiten der Gegend. Die Wanderung führt von der Burg Hohnstein hinab ins Polenztal und hinauf zum Hockstein, folgt dann der geologisch hochinteressanten Wolfsschlucht bis zur Gautschgrotte, einem riesigen Felsüberhang aus besonders widerstandsfähigem Sandstein, und erreicht wieder die Burg Hohnstein.

Aus einem Kiefernwald ragt der 415 m hohe ➠ **Lilienstein** **8** empor, der schönste Tafelberg der Sächsischen Schweiz. Seine Felswände erheben sich 60 bis 70 m über seinem Schottergürtel. Die Elbe muss sich in einer gewaltigen 180-Grad-Schleife um den Berg herumwinden. Zur Besteigung des Liliensteins setzt man von der Stadt Königstein mit der Fähre über die Elbe und folgt den blauen Wegzeichen bis zur Berggaststätte am Gipfel. Auf der Wanderung sind die schrillen Schreie der Wanderfalken nicht zu überhören. Die in der Sächsischen Schweiz bereits ausgestorbenen Greifvögel konnten in den letzten Jahren wieder erfolgreich angesiedelt werden.

An seiner ungewöhnlichen Form ist der Lilienstein zu erkennen, gleich aus welcher Himmelsrichtung man sich nähert. Von der ge-

BESONDERHEITEN DES KLIMAS

Die stark ausgeprägte Höhengliederung des Elbsandsteingebirges bedingt eine hochinteressante ökologische Besonderheit: Im Sommer sind die Gründe kühl und feucht (Kellerklima), in den höheren Lagen und auf den Felsen ist es jedoch warm und trocken. Die landläufige Verbreitung von Vegetation und Tieren kehrt sich um: Gebirgsbewohner siedeln im Keller, Flachländer erobern die Gipfel. Wissenschaftler sprechen von einer Klimatischen Inversion, der Umkehrung mitteleuropäischer Waldhöhenstufen. Zu beobachten ist diese unter anderem an der Gautschgrotte (Bild) im Polenztal **6**.

genüberliegenden **Festung Königstein** 9 aus, die auf dem gleichnamigen Tafelberg thront, wirkt der Lilienstein besonders eindrucksvoll. Der Königstein liegt nicht mehr im Gebiet des Nationalparks, ist aber dank seiner imposanten Festung als Ausflugsziel sehr beliebt und wegen der hervorragenden Sicht auf die Sächsische Schweiz einen Besuch wert. Aufstieg vom Parkplatz an der B 172 Pirna–Königstein.

Zwischen den Wassern der Elbe, die ruhig strömt, und den steil aufsteigenden bewaldeten Höhen des Elbsandsteingebirges liegt der Kneipp-Ort **Bad Schandau** 10 . Bei der Nationalparkinformation geben Schautafeln, reichlich Prospekte und natürlich die freundlichen Nationalparkwächter Auskunft über die Besonderheiten ihrer Region. Das Städtchen mit den illustrativen Fachwerkhäuschen ist also das Tor zum Teil zwei des Nationalparks.

Mit der Straßenbahn in die Natur Die erste Überraschung erwartet den Gast gleich in Bad Schandau: Welcher Nationalpark hat schon eine eigene Straßenbahn? Die Kirnitzschtal-Bahn bringt die Besucher durch das anmutige Tal direkt in die Natur zum Lichtenhainer Wasserfall. Die Kirnitzsch entspringt in Nordostböhmen und mündet nach 45 km bei Bad Schandau in die Elbe. Sie strömt an steilen Sandsteinwänden entlang, im Unterlauf wird das Tal breiter, die Felsböschungen sind hier flacher. Bis ins letzte Jahrhundert hinein nutzte man die Kirnitzsch zum Triften gefällter Baumstämme; ein fischreiches Gewässer ist sie immer noch. Früher fing man hier Lachse, heute sind es vor allem Forellen und Äschen.

Beliebt ist der Flößersteig, der durch das schöne **Kirnitzschtal** 11 führt, für weniger anstrengende Wanderungen. Auf dem heimatkundlichen Lehrpfad ist viel vom Leben der Flößer und Waldarbeiter, aber auch über Geologie und Botanik zu erfahren. Der 20 km lange Weg führt von Bad Schandau bis zur Neumannmühle, einem technischen Naturdenkmal, das man auch mit dem Auto erreichen kann.

Zwölf Mühlen drehten sich einst im Kirnitzschtal – die **Lichtenhainer Mühle** 12 , die Felsenmühle, Neumannmühle, Buschmühle und Niedermühle bemühen sich heute um

Hoch über der Stadt Königstein thront auf mächtigem Fels die gleichnamige Burg, einst stärkste Festung Deutschlands.

Die Sandsteinbrücke verbindet die Bastei-felsen: Mit einer Länge von 76,50 m wurde sie im Jahr 1851 erbaut.

das leibliche Wohl der Nationalparkbesucher. In Lichtenhain stürzt nicht nur ein (künstlicher) Wasserfall über die Felsen, hier gibt es auch unter einer ehrwürdigen Kastanie einen schattigen Rastplatz, beste Gastronomie verwöhnt müde Wanderer. Die Endstation der Straßenbahn ist ein guter Ausgangspunkt für Wanderungen.

Die recht kurze Tour zu den Sandsteinfelsen Neuer Wildenstein führt in ein Gebiet mit zahlreichen Grotten und Überhängen. Die größte dieser Höhlen, **Kuhstall** ❸ genannt, diente den Bewohnern von Lichtenhain im Dreißigjährigen Krieg als Versteck für ihr Vieh. Der 24 m lange Felstunnel ist 11 m hoch und 17 m breit. Das gigantische Felsenfenster umrahmt den Ausblick auf den Kleinen Winterberg und den Winterstein. Das Gipfelplateau des 336 m hohen Neuen Wildensteins ersteigt man über die 108 Stufen der Himmelsleiter.

Nicht wegen der Mauerreste der mittelalterlichen Raubritterburg nimmt man den schwierigen Anstieg auf die **Ruine Arnstein** ❹ in Angriff – wieder ist es der Blick auf weitere Felsen, auf die nächsten Naturattraktionen, der uns belohnt.

Die weiträumige Sandsteinlandschaft der **Große Zschand** ❺ wird durch zahlreiche Schluchten gegliedert. Steilwände und be-

waldete Hangzonen wechseln in Abhängigkeit von den Gesteinsformationen. In reinen Sandsteinbereichen dominieren schroffe Felsformen. Jenseits der Torwälder Wände fallen die sowohl auf sächsischem als auch auf tschechischem Gebiet liegenden Kuppen der jungvulkanischen Basalte und Phonolithe auf Letztere sind vulkanisches Ergussgestein, das beim Anschlagen einen metallenen Klang von sich gibt.

Grandioses Naturmonument: Der Felstunnel Kuhstall diente in Kriegszeiten als Versteck für das Vieh.

Eine Wanderung über die Schrammsteine führt zur Breiten Kluft: Weit kann hier der Blick dem Lauf der Elbe bis nach Tschechien folgen.

Bootsfahrten durch die Schlucht Für das Triften von Holz auf der Kirnitzsch war im Oberlauf der Bau von Stauanlagen erforderlich. Schon im 16. Jahrhundert entstand die **Obere Schleuse** ⑯. Zuerst aus Holz bestehend, wurde sie 1816/17 in Stein ausgeführt. Die heutige Sperre aus dem Jahr 1931 mit einer Höhe von 7 m und einer Breite von nur 3 m staut die Kirnitzsch auf 700 m Länge auf. Den in der engen Steinschlucht entstandenen See nutzt man bereits seit 1879 zu touristischen Bootsvergnügungen. Vom Parkplatz in Hinterhermsdorf bis zur Bootsstation läuft man eine halbe Stunde. Öffnungszeiten Gasthaus und Bootsverleih von Ostern bis Oktober Mo–Fr 9–16 Uhr, Sa/So 9–17 Uhr.

Die **Kirnitzschklamm** ⑰ verläuft entlang der tschechischen Grenze. Auf schwindelerregendem Pfad durchwandert man hoch über dem rauschenden Bach die Klamm. Im Grund des engen Tals herrscht wie auch im Polenztal oder im Felsgebiet des Großen Zschand Kellerklima: Auch im Sommer bleibt es hier kühl. In der Talsohle wachsen Fichten, an den Steilwänden Buchen und Tannen, während die Felsriffe von Kiefern bestanden sind. Fichten und Tannen können hier bis zu 300 Jahre alt werden und Höhen bis zu 50 m erreichen.

Etwas mächtig Ergreifendes Vielleicht ist es die Überschaubarkeit dieser Felsenwelt, vielleicht ist es der Wechsel zwischen der Herbheit schroff aufragender Felsen, sanfter Täler, der Blick über das Kronenmeer der Bäume, der uns so fasziniert. Der dänische Märchendichter Hans Christian Andersen erinnert sich

KLETTERN

Das Besondere des Bergsteigens und Wanderns in der Sächsischen Schweiz liegt vor allem an der grandiosen, aber auch empfindlichen Landschaft des Elbsandsteingebirges. Naturerleben und Naturschutz sind eng miteinander verbunden. 15 000 Routen verteilen sich auf 1100 Klettergipfel (Bild: im Basteigebiet). Das Klettern ist wegen der geologischen Besonderheiten des Sandsteins ganz anders als in den sonstigen Klettergebieten der Welt und unterliegt strikten Regeln zum Naturschutz. Sandstein verliert bei Nässe erheblich an Festigkeit, Klettern am nassen Fels sowie die Benutzung von metallischen Sicherungsmitteln sind hier verboten. Die erlaubten Kletterziele sind im aktuellen Standardführer beschrieben.

DIE SCHRAMMSTEINE

Die lang gestreckte, urwüchsige Felsgruppe der Schrammsteine ⑱ östlich von Bad Schandau begrenzt im Norden das Kirnitzschtal, im Süden das Elbtal und im Osten die beiden Winterberge. Drei mächtige Einschnitte bilden die Schrammtore, die in ihrer Formenvielfalt ein besonderes Zeugnis der jahrmillionenlangen Verwitterung sind. Ausgangspunkt einer Wanderung ist der Parkplatz an der Schrammsteinbaude zwischen Ostrau und Postelwitz; dann heißen die Stationen: Lattengrund – Großes Schrammtor – Jägersteig – Schrammstein-Aussicht (Bild) – Schrammsteinweg (Gratweg) – Breite Kluft. Abstieg und Rückweg führen durch das Elbtal (Weglänge 12 km, 4 bis 5 Stunden, 350 m Höhenunterschied). Diese Wanderung mit beschwerlichem Felsaufstieg verläuft zum Teil über Metallleitern und durch enge Felsspalten.

nach einer Wanderung im Sommer 1831: »Wie ein versteinertes Meer lagen die Berge vor mir. Es liegt etwas mächtig Ergreifendes darin, auf solche Weise über ein großes Land hinzuschauen.«

Die ➡ **Schrammsteine** ⑱ sind wohl das imposanteste Ensemble im Nationalpark. Selbst auf kleineren Wanderungen stößt man immer wieder auf eigenartige, durch Verwitterung des Sandsteins entstandene Formen. Steingitter, Eisenbänder, Waben, Sanduhren und Höhlungen haben sich gebildet und sind ständig weiteren Veränderungen unterworfen. Kurz vor dem Grenzübergang nach

Tschechien, vom Ort Schmilka aus, führt ein steiler Pfad auf 160 Höhenmeter über Wurzeln, Treppchen und Gestein, durch mannshohen Farn hinauf zur **Kleinen Bastei** ⑲ Beim Anblick der weitläufigen Elblandschaft mit dem Lilienstein vergisst man rasch die zitternden Knie. Eigenwillige Felsenformationen begleiten das tief eingeschnittene Elbtal: zerklüftete Steintürme, von Wind und Wettern geformt, die Kronen der mächtigen Buchen, Eichen und Fichten überragend, sprudelnde Bäche und mit Wildkräutern übersäte Wiesen stehen in erstaunlichem Kontrast zu dieser gigantischen Felsen-Inszenierung.

Bizarre Felsen, abgestorbene Baumriesen, überwältigende Panoramen – eine Natur wie von Künstlerhand geschaffen

REGISTER

IMPRESSUM

Unser komplettes Programm:

www.bruckmann.de

Produktmanagement: Claudia Hohdorf
Lektorat: Anne Christine Martin, Feldhoff & Martin, Merxleben
Layout: Anne Christine Martin, Feldhoff & Martin, Merxleben
Repro: Cromika s.a.s., Verona
Kartografie: Heidi Schmalfuß, München
Herstellung: Thomas Fischer
Printed in Italy by Printer Trento S.r.l.

Alle Angaben dieses Werkes wurden von den Autoren sorgfältig recherchiert und auf den aktuellen
Stand gebracht sowie vom Verlag geprüft. Für die Richtigkeit der Angaben kann jedoch keine Haftung
übernommen werden.
Für Hinweise und Anregungen sind wir jederzeit dankbar. Bitte richten Sie diese an:
Bruckmann Verlag
Postfach 40 02 09
D-80702 München
E-Mail: lektorat@verlagshaus.de

Bildnachweis:
Alle Fotos stammen von Feldhoff&Martin, mit Ausnahme von: picture-alliance/Okapia KG, S. 17;
picture-alliance/ZB, S. 35, Jörg Bernhard/pixelio.de, S. 47; Ana´l/pixelio.de, S. 89

Umschlagvorderseite: groß: Die Bastei vor dem Tableau des Elbsandsteingebirges (picture-alliance/Bildagentur
Huber/R.Schmidt); klein (v.l.n.r.): Klassische Kahnpartie im Spreewald , Storchennest in Guttau, Blühende
Margeritenwiese im Natur-Kurpark Bischofsgrün
Umschlagrückseite: Sonnenuntergang am Schafer See bei Teurow

Die Deutsche Nationalbibliothek verzeichnet diese Publikation in der Deutschen Nationalbibliografie; detaillierte
bibliografische Daten sind im Internet über http://dnb.d-nb.de abrufbar.

© 2010 Bruckmann Verlag GmbH, München
ISBN 978-3-7654-5325-0